名师名校名校长

凝聚名师共识
回应名师关怀
打造名师品牌
培育名师群体

钱如远题

HEMEIZHENAI JIAOYU LINIAN XIA
WOAIWOJIA YUANBEN KECHENG HUIBIAN

"和美真爱"教育理念下"我爱我家"园本课程汇编

席颖霞 ◎ 主编

东北师范大学出版社

长 春

图书在版编目（CIP）数据

"和美真爱"教育理念下"我爱我家"园本课程汇编/
席颖霞主编. — 长春：东北师范大学出版社，2022.9
ISBN 978-7-5681-9416-7

Ⅰ.①和… Ⅱ.①席… Ⅲ.①学前教育—教学参考资
料 Ⅳ.①G613

中国版本图书馆CIP数据核字（2022）第169026号

□责任编辑：石　斌　　　　□封面设计：言之凿
□责任校对：刘彦妮　张小娅　□责任印制：许　冰

东北师范大学出版社出版发行
长春净月经济开发区金宝街 118 号（邮政编码：130117）
电话：0431-84568023
网址：http://www.nenup.com
北京言之凿文化发展有限公司设计部制版
北京政采印刷服务有限公司印装
北京市中关村科技园区通州园金桥科技产业基地环科中路 17 号（邮编：101102）
2022年9月第1版　2023年2月第1次印刷
幅面尺寸：170mm×240mm　印张：17.5　字数：315千

定价：58.00元

编委会

主　编：席颖霞

编　委：（姓名排序不分先后）

张青慧　梅　霞　曹柳苑

张菲菲　李彦青　王玉花

孙俊娜　刘　锴　李水红

序 言

　　1988年8月，18岁的我怀揣着"让家乡孩子能享受规范幼儿教育"的初心，从郑州幼师毕业，回到了登封市卢店镇，参与开办了登封市第一所乡镇公办幼儿园。在家乡的乡镇幼儿园，经过16年一线教师和业务园长的管理经验的积累沉淀，我有了教育思想的萌芽，那就是对孩子一往情深的爱，对幼教无比真挚的爱。2003年8月，我渴望到大单位历练的心愿得以实现，来到了登封市直属第一幼儿园（以下简称"一幼"），俯下身、沉下心，全身心地投入教育教学。从新教师到专任教师、班主任、教研组长、业务园长（6年）、园长（8年），在陪伴孩子们成长的30余年里，我的教育思想越来越明朗——"爱"是永恒的核心内容，"爱"是一种对幼教的"挚爱"。老师姐姐、老师妈妈、园长妈妈、园长奶奶，孩子们对我的称呼发生了变化，在我从事管理工作，特别是2013年后，这种爱也发生了一些变化……

　　我一直在思考：幼儿园应该是一个什么样的地方？她能给孩子、教师和家长带来什么样的成长？一幼已有37年办园历史，有一定的文化积淀，但教师团队中有1/2的外聘教师，在编教师的"青黄不接"现象越来越凸显，而社会、家长对我们的期望值越来越高……我陷入了深深的思考。恰逢登封市教育局提出引领学校发展策略之一——用一个词语凝练学校的校园文化，立足一幼发展"爱"的文化积淀和今后发展的文化需求，我想：幼儿园应该是个"和谐美好"的乐园，她是幼儿健康快乐成长的乐园，是教师快乐工作、幸福生活的乐园，是家长科学陪伴幼儿成长、追寻童年美好的乐园！

2018年午初，"和美"文化应运而生，经过全体教师的智慧凝练，我们提出了"和美一幼　与爱同行"的教育理念，历经3年多的探索实践，不断完善其内涵意义，于2021年6月调整为"和美一幼　真爱同行"，一字之变，源于实际工作的需求。在此基础上，通过大家的努力，形成了本书。

幼儿园要高质量发展，并且与时俱进，紧跟新时代发展的步伐。"课程"是幼儿园的发展核心。抓核心、促发展成为幼儿园工作中的主线。回顾我园园本课程研发历程，我们的"和美真爱"教育发展得扎实而有意义。

2006年至今，我园的园本课程研发与实施经历了以下五个阶段：

一是无意识研发阶段（2006—2009年）。

二是有意识研发阶段（2010年1月—2013年10月）。

三是有目的研发阶段（2013年11月—2015年3月）。

四是完善与建构阶段（2015年4月—2017年12月）。

五是新理念提升阶段（2018年3月至今）。

在河南大学岳亚平教授专家团队、郑州市教研室刘子涓老师的引领下，在郑州市幼儿教育工作室主持人马玲主任、登封市教研室慎淑霞老师的具体指导下，经过幼儿园全体教师的共同努力，园本课程研发具有了一定的系统性和完整性，2017年荣获"郑州市校本课程建设奖"。

随着我市教育改革的发展，"和美真爱"教育在一幼应运而生，在"和美一幼　真爱同行"理念指导下，"我爱我家"园本课程应该怎样融合这一理念进行有效的实施，这是我们正在思考和实践的新课题。因而，升级版的"我爱我家"在2022年春天诞生了！

本书在出版过程中，得到了广大同仁的支持和帮助。书稿撰写过程中，本人提供了12万字内容。

登封市直属第一幼儿园　席颖霞

2022年1月6日

目　录

上　篇

"和美真爱"教育理念凝练历程

下　篇

"我爱我家"园本课程

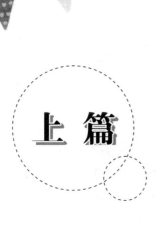

上 篇

"和美真爱"
教育理念凝练历程

　　《唱支赞歌给党听》道出了幼教人沐浴在党的阳光雨露下，为党育人、为国育才的神圣使命感和责任感，其中饱含着育人的幸福甜蜜；《心中有爱　一切美好》倾情关注幼儿的一日生活现场，记录为师者的美好教育生活；《心中有爱　天使满怀》娓娓道来的是一位从事幼教30余年、真爱幼教的教师的教育故事；《从"心"出发　用"爱"铺路　"溪"说管理》讲述的是管理的积累和心得；《童蒙养正　携爱前行》讲述的是学前资助，为幼儿插上梦想翅膀的做法；《和美真爱　让一幼更美好》把多年的真爱之心、孕育的和美珍珠一颗颗串起来，凝练成了全园教师的智慧结晶——"和美真爱"文化，以文化人、立德树人。我们一步步走来，脚步稳健而有力，温暖而坚定！

　　和和美美做人，踏踏实实做事，一幼人幸福而快乐地走向未来！

唱支赞歌给党听

曾经在幼师学习时
毕业汇报唱的是一首歌——
《唱支山歌给党听》
33年后，在党百岁之时
最想表达我深深的爱党之情
还用一首歌——
《唱支赞歌给党听》
用33年的幼教经历来
向党说说心里话
向伟大的母亲——百岁华诞献礼！
唱支赞歌给党听
我把党来比母亲
母亲只生了我的身
党的光辉照我心

怀揣对孩子的挚爱
与为家乡幼教奉献青春的梦想
1988年18岁的我被分配到家乡
一所乡镇幼儿园、一个班、20个孩子
一位良师、一位同窗益友
开始了办园之路！

16年的乡镇幼儿园办园之路、教育之路

在国家刚刚重视"农村学前教育"之时开启！

新兴的教育领域，让我这个被乡亲们认为

上了中专，却没有"飞黄腾达"

反而回到家乡来"做保姆""当孩子王"的人

受到了冷遇甚至是歧视

我哭过、笑过、彷徨过、历练过

但终是成长多多，收获满满

感谢党的好政策，让我的人生起好步

为今后事业发展打下坚实的基础

如今

18年的市区幼儿园教育之路

让我沐浴在党的悉心关爱之下

更觉温暖和亲切

幼有所育，将是今后幼教发展的目标

感恩党的领导

在党的幼教政策指引下

我们正昂首阔步走在幼教发展的康庄大道上！

我们从历年学前教育宣传月主题中感受党的伟大而温暖

2012年——快乐生活健康成长

2013年——学习指南了解孩子

2014年——让科学育儿知识进入千家万户

2015年——给孩子适宜的爱

2016年——幼小协同科学衔接

2017年——游戏——点亮快乐童年

2018年——我是幼儿园教师

2019年——科学做好入学准备

2020年——特殊的时光，不一样的陪伴

2021年——砥砺十年奠基未来

10年时光，不一样的宣传主题

饱含党对学前教育一样的关怀，深情的呵护！

从近几年的国家政策中读懂。

党对学前教育的高度重视和大力支持。

中共中央、国务院颁布《中国教育现代化2035》。

《中共中央　国务院关于学前教育深化改革规范发展的若干意见》（中发〔2018〕39号）。

中共中央　国务院关于全面深化新时代教师队伍建设改革的意见（2018年1月20日）。

中共中央、国务院印发《新时代爱国主义教育实施纲要》（2019年11月）。

《中共中央　国务院关于深化教育教学改革全面提高义务教育质量的意见》（2019年6月23日）。

中共中央办公厅、国务院办公厅印发《关于深化新时代教育督导体制机制改革的意见》（2020年2月）。

中共中央、国务院《关于全面加强新时代大中小学劳动教育的意见》（2020年3月20日）。

中共中央、国务院印发《深化新时代教育评价改革总体方案》（2020年10月13日）。

《国务院办公厅关于开展城镇小区配套幼儿园治理工作的通知》（国办发〔2019〕3号）。

《国务院办公厅关于印发教育领域中央与地方财政事权和支出责任划分改革方案的通知》（国办发〔2019〕27号）。

《国务院办公厅关于促进3岁以下婴幼儿照护服务发展的指导意见》（国办发〔2019〕15号）。

《教育部关于印发〈县域学前教育普及普惠督导评估办法〉的通知》（教督〔2020〕1号）。

《教育部等七部门关于做好城镇小区配套幼儿园整改工作的实施意见》（教基函〔2019〕9号）。

《教育部办公厅关于开展幼儿园"小学化"专项治理工作的通知》（教基

厅函〔2018〕57号）。

教育部、国家发展改革委、财政部、人社部等四部门印发《关于实施第三期学前教育行动计划的意见》（教基〔2017〕3号）。

《教育部关于印发〈幼儿园办园行为督导评估办法〉的通知》（教督〔2017〕7号）。

《教育部住房和城乡建设部关于印发〈幼儿园标准设计样图〉的通知》（教发函〔2019〕1号）。

教育部发布《中华人民共和国学前教育法草案（征求意见稿）》公开征求意见的公告。

《中国教育现代化2035》编制背景意义之一是，教育现代化加速推进教育总体发展水平进入世界中上行列，取得了全方位、开创性的历史性成就。

根据2019年全国及各省市学前教育基本数据统计分析，全国学前教育毛入园率达83.4%，比2000年提高37个百分点；建立从学前教育到高等教育的学生资助体系。2020年全国学前教育加快发展，毛入园率为85%，普惠性幼儿园覆盖率为80%，公立幼儿园在园幼儿占比50%。普惠性幼儿园包括公立幼儿园、普惠性民办幼儿园。

中共中央 国务院印发《深化新时代教育评价改革总体方案》（2020年10月13日）。

2018年11月7日，中共中央 国务院发布了《关于学前教育深化改革规范发展的若干意见》。《关于学前教育深化改革规范发展的若干意见》是党中央对新时代学前教育改革发展的顶层设计和重大部署，是贯彻落实党的十九大"办好学前教育"、实现"幼有所育"的实际行动，进一步确立了学前教育公益普惠的基本方向和发展目标，进一步完善了学前教育政策保障体系。

学前教育政策保障体系包括资源供给、经费投入、教师队伍、监管体系、规范办园行为、提高办园质量等方面。

……

一份份文件，一份份关怀，一组组数据，一首首赞歌

如今，每一所乡镇都有一所优质的公立幼儿园

我原来的幼儿园也在全镇起着示范引领作用

现在的登封市直属第一幼儿园

也拥有了两所分园、八所学区园
学区化、集团化办学正在探索进行中

唱支赞歌给党听，我把党来比母亲
爱民、爱幼，关注民生，好政策促进学前教育百花齐放
幼有所育，人民幸福，幼教人在您的教育下，忠诚履职
美丽幼教梦早日梦想成真！

唱支赞歌给党听，向党说说心里话
愿我们的努力奋斗，为您百岁华诞献礼！

2021年9月30日

心中有爱　一切美好

　　"有理想信念、有道德情操、有扎实学识、有仁爱之心。"这是2014年教师节，习近平总书记同北京师范大学师生代表座谈时，就如何做一名好老师提出的四点要求。（出自新闻联播微信公众号《"是老师培养了我们"》）这极大地鼓舞和激励了我园教师的工作积极性。"以人为本、以德治园、精细管理，以文化人"的管理理念，让我园的师德师风建设活动开展得如火如荼，如"孝亲故事分享""夸夸身边的人""美好在于脚踏实地"等。我园立德树人、以德用人，班子成员带头践行社会主义核心价值观，弘扬中华民族优秀传统文化。我们结合幼儿园教育特点，"让爱铺满孩子的成长之路"溢满校园。作为幼儿园的管理人员，我们要用一颗仁爱之心，静静地观察、默默地陪伴、细细地品味幼儿的在园生活，尽享和教师、幼儿成长的幸福！

　　幼儿园的一日生活，每天从眼前略过，在心中流淌。幼儿、教师微笑的表情和活动的场景也许是这个世界上最美的画面。因为心中有爱，眼中的一切都是美好的！

　　一曲《让世界因我而美丽》开启了幼儿一天美好的生活——

一、晨检

　　一个个可爱的幼儿迫不及待地涌进校园，整整齐齐地排成两队接受老师的晨检：一边问候"老师好！"一边自觉伸开两手，手心手背，看清楚；张开小嘴，调整角度，仔细查；"嘴巴真干净！孩子，嗓子有些红，一定要多喝水。""这位家长，您也看看孩子的嗓子，要引起重视，像要发炎！""值班老师，把这个孩子的情况记录一下，需要进行班级观察。""这位家长，您看看孩子的这个部位，需要带孩子到医院看医生，还需要医生开具'诊断证明'，谢谢您的配合！"

800多名幼儿每天早晨从四位晨检教师身边一一经过，她们认真看、仔细查，不厌其烦、耐心细致，逐一交代注意事项，详细记录，为的是让每一个进入集体环境的幼儿的健康都得到保障。她们感谢每一位积极配合的家长，虽然这不是100%，她们也会受到个别家长的微词伤害：孩子嗓子有点红，怎么了！我就是医生，就在医院上班；我是孩子的奶奶，我不能带孩子去医院，他妈妈上班没时间去，凭啥眼睛红了，就非得去医院看，不让孩子上学！这时就需要保健老师对她们苦口婆心地解释。有时，家长的犀利语言会噎得我们教师委屈的眼泪在眼眶里打转，但教师还是耐着性子一遍遍地解释集体生活中，对幼儿身体严格晨检的重要性，努力争取家长的配合。

为什么她们要这样做？因为她们心中有爱，有对每一个幼儿的理智的、科学的"爱"，有对幼儿园负责任的"大爱"。虽然，这"爱"不纯粹是甜蜜的味道，其中有委屈，更有坚守，掺杂着眼泪的苦涩、不被理解的心酸，但她们还是一如既往地守卫在"爱"的岗位上，为全园幼儿的健康安全站好第一班岗！只要幼儿天天都健健康康、平平安安，一切都是美好的！

活泼的音乐声响起，幼儿纷纷有序地进入校园。

二、晨练

从进场音乐—整理队形—广播体操—活动四肢—融入舞蹈艺术（集体舞、民族舞）—武术操，等等，教师认真投入，孩子积极主动，家长更是专注自己的孩子，不时用手机拍摄，或用眼神提醒，眉开眼笑。整个校园呈现的是生机盎然，校园里的人们，心中有爱，一切美好！

三、集体活动

每天上午一至二节的集体活动融入了教师的集体智慧，是教师"爱"的结晶的体现。教师提前制订一周活动计划，及时备课、说课，分析幼儿，制作玩教具，等等，这些活动中教师一丝不苟、精益求精。我每每从走廊里各个班级走过，映入眼帘的是教师的执教，他们或声情并茂地讲故事，或专注地弹琴，师幼同唱，或分角色表演；我听到的是美妙的童声、稚嫩的回答，伴随着幼儿开心的笑声；我感受到的是师幼的温馨融洽和师幼共同成长的美好，我好像听到了麦苗在抽穗、玉米在拔节的生长之声，多么美妙。心中有爱，一切美好！

四、生活活动

幼儿在园的生活活动环节有早餐、午餐、喝水、洗手、如厕、午休、整理等，这些活动环节琐碎而复杂，其中贯穿了礼貌教育、常规培养、品德教育等。保教并重是幼儿园的教育原则。保育教师和专任教师在工作中配合默契，眼观六路，耳听八方，既是教师，又是管理员，还是调解员、检察长、审判员，忙得不亦乐乎，重点关注几个在晨检中被记录的幼儿身体是否出现异常，提醒他们及时如厕、多喝开水；关注个别性格外向，又有些不太会交往的幼儿，以免他们和其他幼儿发生摩擦和不愉快；先给吃饭慢的幼儿打饭，鼓励幼儿多吃青菜，不挑食，教育幼儿吃饭时要节约粮食，不浪费，注意拿筷子的姿势，不往桌子上撒饭菜等等。教师要时刻关注活动室每一个角落随时发生的各种故事。教师带班，没有属于自己的时间，她们的时间都是幼儿的，因为心中有爱。只要幼儿能在教师一天天的用心培养中，从小养成独立的生活自理能力、良好的生活卫生习惯、文明有礼的品德行为，会交往、会分享、懂感恩、会做事，这一切付出都是值得的、美好的。

五、游戏活动

游戏是幼儿的基本权利和基本活动，幼儿园非常重视幼儿在园期间游戏活动的开展。室内的区角游戏琳琅满目，如娃娃家、图书角、益智区、表演区、美术区、小巧手等。在材料的投放上，教师费了很多心思，教师的游戏指导水平在一次次教研中不断得到提升，幼儿的社会交往能力、动手能力、想象能力、创造能力以及规则意识都在游戏中得到了锻炼和发展。

室外体育游戏更是精彩纷呈，小班幼儿的"开汽车""美好的一天"等游戏中贯穿了走、跑、跳、爬等基本动作的练习；中班幼儿的花样篮球——《篮球宝贝》《快乐拍拍》《旋风小篮球》，把单手拍、双手拍、行进中拍、单腿跪拍、八字滚球、相互接球、空中拍球等动作融了进去，使幼儿的控球能力、手部力量、手指的灵活性得到了很好的锻炼；大班的花样跳绳——《快乐阿拉里》《来吧！跳起来》《绳彩飞扬》中，连续正跳、倒跳、行进中跳、两人合作跳、三人合作、跳绳钻山洞、跳大绳等玩法花样繁多，使幼儿在游戏中得到锻炼，激发了幼儿的学习兴趣。

幼儿在玩中提高了各项能力，玩出了健康和快乐！这背后依靠的是教师辛勤的汗水和爱心付出。幼儿的健康和快乐在教师眼中比什么都美好！

以上一切美好的保障，是我们的后勤供给和后勤服务。

六、服务保障

幼儿的吃喝拉撒、健康快乐和教师开心工作的背后，有一群这样的人：他们早上4：00到园，开始给幼儿准备早餐、午餐，根据季节熬制各种蔬菜水饮品，这时他们是厨师；下午幼儿园离园前，换上保安服，这时他们是幼儿园的"保安"人员；有时，他们是"花工"，翻地种花；有时，他们是清洁工，清理下水道，以免堵塞；有时，他们是修理工、搬运工。他们有着多重任务、多重身份，就像他们自己所说的一句话：我们都是一块砖，哪里需要哪里搬。他们任劳任怨、默默无闻、心甘情愿！因为他们心中有爱，所做的一切都是为了让幼儿园变得更美好。

她们曾经有美丽的脸庞、曼妙的身姿，她们和幼儿园经过了二三十年风雨，现在，走到了"后勤服务"的岗位上。她们的身份更是多变，如保健医、保育员、教师、图书管理员、档案资料员、保洁员、保管员、消杀清洁员、帮厨员、花工等，每一个角落都会留下她们美丽的倩影。有时，一天之中就有好几次角色的转换，对此她们毫无怨言，她们在嘴边的一句话就是：我们再辛苦，也没有一线教师辛苦，做好为一线服务就是我们的本分。

干净、整洁的校园，整个幼儿园的人事调配、物资配备，幼儿园健康、良性的发展，都包含着她们的爱心付出，辛勤劳作。

梳理着幼儿的幼儿园生活，回忆着幼儿园中每一个人的爱心付出，我的眼睛在模糊，心灵在感动！正因为有了我们可爱、可敬、可亲的一幼家人们，幼儿的在园生活才会如此美好，我们的工作才能如此快乐！也许我们也只是走在追求"快乐工作、幸福生活"的路上，我却已经如此的激动和满足。在今后的道路上，不管遇到什么困难，我们都坚信：心中有爱，一切终将美好！

感恩所有为我们这个大家庭辛勤劳动的人们。劳动最光荣！我永远爱你们！

愿"四有好老师"的目标引领着教师快乐成长，愿师德的光芒照亮我们幼儿园前进的道路！

2015年5月8日

心中有爱　天使满怀

很喜欢这样一句话："教育是美丽的邂逅，是爱与责任的坚守。"能与幼教相厮相守30载，天天与天使般的幼儿在一起，陪伴他们度过三年美好的童年时光，我是如此幸运和幸福！这种美妙的感觉是在其他行业和其他学段的教育中无法感受和体验到的……

我的成长故事就是一次"爱的旅行"，请允许我带领大家一起回到过去……

一、家爱——植爱

我在爱的呵护下成长。我出生在一个半工半农的家庭，父亲在郑州工作，我随母亲在小镇生活。我的家中人口众多，有年迈的爷爷奶奶、正在读书的叔叔姑姑、嗷嗷待哺的弟弟。由于父亲长期在外，母亲义无反顾地承担起照顾全家人的重任，很是辛苦。全家9口人的生活起居、大小事务都需要母亲操持；我们的衣物，小至帽子、鞋子，大至棉衣、被褥，都是母亲一针一线做出来的。我经常回忆起来的场景是，小时候，全家人都已经睡下，在田里辛劳一天的妈妈，还在昏暗的灯光下缝补衣物、纳鞋底，特别是为了准备叔叔的婚事，在半年时间里，每天晚上，妈妈都在纺棉花、织布，纺花机和织布机发出的"吱吱钮钮""哐哐当当"声，就是我们全家的摇篮曲。妈妈是村里出名的巧媳妇，剪花、绣花、裁剪缝制衣物样样精通，邻居和村民都爱把布料拿到我家，妈妈更是热情地能帮多少就帮多少，所以，妈妈在村里的人缘极好，对爷爷、奶奶的孝顺更是不用说，我们的日子过得虽然清贫，但爷爷奶奶总是乐得合不拢嘴，常常在外人面前情不自禁地夸赞母亲；我病弱的身体被母亲养育得越来越好，我的衣服虽然大部分是姑姑穿旧的，但也被妈妈修改得别致、好看，洗得干净整洁。

妈妈经常用简洁的俗语和儿歌似的短句，教育和提醒我做人、做事的道理，使我终身受益。例如，做人要“实”——实在；做事要“虚”——虚心；人要实，火要虚；做人要——勤，“勤人，人人爱，懒人，人人嫌”"扫帚响，粪堆涨；又勤劳来又积肥"；做人要"不怕吃亏，吃亏是福"；做人要坚强——"过去燕子就能过去鹰"，孩子别怕，没有过不去的火焰山；在学校，比学习，不比吃喝穿戴；在单位，听领导话，好好工作；做媳妇，要两头"瞒"，如果不会两头"瞒"，就会两头"嫌"！走过几十年的人生之路，母亲的这些浅显易懂、富有哲理性的谆谆教导还时刻提醒着我在人生的顺境时不自满，遇到逆境时不自卑，自信坚强、不卑不亢地走过风风雨雨。

我有一个性格开朗、孝顺贤惠、勤劳善良、吃苦耐劳、任劳任怨、勤俭持家、朴实聪慧的好妈妈，现已70多岁的她活跃在广场舞的舞台上，社区的"快乐星期天"也有她唱戏跳舞的身影；97岁高龄的姥姥被妈妈精心地照顾着；每逢周六、周日时，妈妈是孩子的高级厨师！她是我们全家的核心、主心骨、开心果，让我们的大家庭相亲相爱，过得和和睦睦、幸福美满。充满爱的家，为我的一生种下了爱的种子，注满了爱的力量！

二、幼师——职爱

（一）与幼师结缘

初中毕业那年我选择读中专，一是对自己的成绩很有信心；二是在贫穷的生活面前，中专毕业就意味着成为"国家工作人员"，就业不成问题，这样我可以尽可能早地帮父母减轻负担，这是当时农村学子都向往的选择。其实当时我并没有想过当一名幼儿教师，因为我的性格比较内向、不善言辞，填报的志愿是卫校。但是我的志愿表却没有通过，因为每个人必须填两个志愿，我只填了一个，每人又只有一张志愿表，所以我就在卫校志愿上方那仅剩的一小行空隙填上了"郑州幼师"。这样一来我的第一志愿就变成了幼师。就这样，机缘巧合之下，一行夹缝中的几个字却成为我人生的转折点。

1985年，郑州幼师在登封市只录取三个人，在六个人的面试中我顺利通过，开启了我的幼师求学之路。在那个物质资源极度匮乏的年代，能够考上中专学习的机会很少，这是大多数人梦寐以求的，所以在我收到录取通知书的那天，父亲的同事、亲戚朋友和村民都来家里道喜，像是自己的儿女考上了学校一样，我的家里洋溢着满满的喜庆气氛。

（二）慢慢爱上幼教，坚定了我的求学之路

我的家乡卢店镇没有幼儿园，我自己更没有上过幼儿园。记忆中，我因年龄不够，只上过一年级之前的"半年级"，所以我对幼师的了解少之又少。我怀着激动、忐忑的心情来到郑州，开始了我的求学之路。86·5班是我在幼师三年的班级的名字，也是我一生中永远的记忆。

对于农村的孩子来说，声乐、舞蹈、钢琴、美术这些技能很是陌生，但这些恰恰是一名优秀的幼儿教师所必备的。农村出生的我从小就有一股刻苦劲儿，虽然来幼师是出于机缘巧合，但我也要"既来之，则学之；既学之，则好之"，更有把压力转化为动力的决心，一头扎进学习中。想要把技艺练精，仅仅依靠课上的练习时间远远不够，特别是"琴法"课，为了练琴，我利用周日等同学们都回家或休息的时间，早早起床去占琴房，买个馒头，拎杯水，在琴房一坐就是半天。陌生的琴键在一遍又一遍地练习中逐渐熟悉起来，磕磕绊绊的琴声也在日积月累地练习中流畅起来。功夫不负有心人，一个学期后我的钢琴技艺大有长进，琴法也得到了老师的认可。升入二年级以后，学校规定二年级和三年级的学生以手风琴代替钢琴。但老师让我们几个琴法比较好的学生继续练钢琴，因此，我幸运地弹了一年脚踏琴、二年钢琴。在长久的练习中，我始终钻研钢琴技艺，琴艺从最初的生涩慢慢变为娴熟，最终拥有一名幼儿教师必备的一技之长，其他学科也均衡、稳步地提高。记得当时老师给我最多的评价是"学习踏实、刻苦，不善言辞，乐于助人"。

我的小学阶段是母亲陪伴成长的；初中阶段处于留守儿童状态，妈妈去外婆家（新密）做生意，我由爷爷奶奶、姑姑陪伴；读幼师时则是爸爸每周陪伴。想一想自己也挺幸福，每个阶段的学习都有亲人在身边。父亲在郑州第二砂轮厂工作，弟弟在二砂子弟小学读书，同在郑州的我们是彼此的依靠和寄托。因为小时候见到父亲的日子屈指可数，我十分珍惜每周难得的相聚时光。家中生活依旧拮据，母亲不得已去了别的城市打工，在裁缝店里做些手工活，挣些辛苦钱。那时，我最开心的事就是，母亲偶尔回到郑州和我们团聚。爸爸、妈妈一起准备丰盛的饭菜，弟弟会吵着让我给他讲故事，我们讲各自学校发生的事情，想想当时的情景，真是其乐融融，爱意浓浓，真好！

随着在幼儿园工作经验的日益积累，我对自己所学的幼教理论越来越感到不够用。1995年，我参加了河南大学自学考试"学前教育"的学习，当时我已经成家有了孩子，且孩子年龄尚小，工作和家务都十分繁重。面对幼教大专的学习内容，我可以说是如饥似渴，像海绵吸水一样渴望。而我的学习时间只能像"挤牙膏"一样，做任何家务的间隙、工作之余的时间都被挤出来，每天22：00—24：00是专门学习时间。两年时间里，我的各门课程顺利通过。这时再回头看看我的课本和辅导书，它们已经是面目全非了，油渍斑斑、水印斑驳，可以说是记录了学习过程的酸、甜、苦、辣。1998年，我参加华中师范大学"汉语言专业"的学习；2010年，我参加北京师范大学"教育管理"硕士研究生的学习。学习充电，既丰富了我的理论知识，又给予了我实践中无穷的"爱的自信和爱的力量"！

三、幼儿园——学爱、播爱、育爱

（一）艰难的办园之路

记得幼师刚开学的时候，班主任代庆福老师让我们谈一谈自己的梦想。十几年来，我只知道埋头苦读，怕对不起养育我的父母亲人，根本没有想过梦想。眼看着就要轮到我上台了，迫在眉睫之际，我突然想到我的家乡没有幼儿园，幼儿都是直接读的小学，于是说道："我的梦想就是毕业以后回到家乡，让我家乡的那些幼儿享受到正规的幼儿教育。"说完之后我满脸通红，并不是因为紧张，而是因为我完全就是在"说大话"。当年，站在讲台上满脸通红讲梦想的模样，我至今还记忆犹新。那个时候的我根本不知道创建一个幼儿园是多么艰难的事情，更谈不上对幼教事业的热爱了。这也许就是15岁的我的幼教初心、懵懵懂懂的幼教梦吧！现在想想，我当时挺有初生牛犊不怕虎的勇气和魄力，我为自己感动和骄傲！

和大多数人一样，之前的我认为幼儿教师不过是带着一群幼儿玩一玩，哄一哄他们就好，可深入学习之后才知道幼儿教师肩负的责任非常重大。幼儿教师自身综合素质一定要高，因为幼儿教师的一言一行、一举一动都潜移默化地影响着幼儿幼小的心灵，我们所学的各科知识——心理学、教育学、教学法、综合技艺等，都是为了培养幼儿良好的行为习惯，激发幼儿强烈的好奇心、求知欲，这个时期更是培养幼儿品德素质和行为习惯的关键期。正是因为明白了自己肩负重任，我才开始真正地、发自内心地想要让自己家乡的幼儿受到科学规范的幼儿教育。

（二）坚定的幼教信念

1988年，幼师毕业后，我被分配到家乡登封市卢店镇工作。那时候镇上没有幼儿园，教育组的领导找我谈话说："你学的是幼师，一定擅长音乐，刚好现在中小学又急需教师，不如就去中学做一名音乐老师吧。"我很是犹豫，不知道要不要答应，想到自己三年前的那番"大话"，不由自主地对领导说道："我学的是幼师，丢了实在可惜，教初中生也不合适，我只比学生大两三岁，感觉管不住他们。咱们镇里这么多年没个幼儿园哪行！我想做一名幼儿教师。"领导听了我的话后没有表态，于是我又赶紧说："幼儿教育对一个人的未来发展有着至关重要的作用，是小学、中学的基础啊，大城市的教育都是从娃娃抓起，我们不能再落后了啊！"领导这才缓缓地开口："你说的不无道理，这几年镇里确实有建幼儿园的打算，可是没有专业人士的支持，况且，只有你一名老师哪够！"想到和我同年回登封的一位同学，我便对领导说："如果我再找来一名老师，那您就答应我建个幼儿园吧。"领导当下爽快地答应了。之后，领导从中学调来德高望重的陈俊英老师担任园长。在多位领导的支持下，1988年8月，卢店镇终于有了第一所幼儿园——登封市卢店镇直幼儿园，这是我市第一所乡镇公办幼儿园。就这样，我和我的同学郑艳芳老师（现任嵩阳西关幼儿园园长）就把根扎在了最需要我们的地方，和登封市卢店镇直幼儿园一起成长！

（三）感恩我生命中的师长

幼儿园刚成立的时候硬件设施非常差，可以说是一穷二白。所谓的幼儿园不过是一个中学的老校址，仅有一些破旧的书桌、板凳，房舍是瓦房，常年漏雨；操场是土地，一下雨，地上都是泥，幼儿园的各类设施设备一件没有。在那样艰苦的环境下，陈园长从未想过放弃，想方设法地创造条件，加强幼儿园的硬件建设：幼儿户外活动的器材是找本地工人焊接的；平衡木、跷跷板是陈园长带着我们自己用水泥一点点儿砌成的，各种教具、学具也是我们亲手制作的；我们的教学内容都是到当时的登封市直属第一幼儿园（以下简称"一幼"）手抄回去的。这些原始的、手工的硬件和软件就这样陪伴了一届又一届的幼儿。幼儿园从无到有，不断扩大，在卢店镇教育组王米贵组长等领导的关心支持下，在陈园长的带领下，幼儿园一天天地好起来。如今，那所昔日简陋破旧的幼儿园，已经迁址新建，发展成为镇里实力最强的一所公立幼儿园。

王组长、陈园长不仅是我的领导，也是我的恩师。初中时，陈老师是我最喜爱的语文老师；毕业后，陈老师是我的引路人。无论是工作还是生活中的喜怒哀乐我都愿意找陈老师倾诉，陈老师总能告诉我解决问题的方法。平日里，我喜欢和陈老师分享优秀的书籍，陈老师总能从更高的角度为我解读书中精彩部分的深刻含义。"不养儿不知报娘恩"，自己做了老师才更感恩师情重！师生传承中，我们通过幼儿在进行"爱的接力"！

（四）在工作中收获感动

因条件有限，幼儿园刚建园的那几年只招收教师子女，全镇教师家的幼儿能送来的都来了，他们对我们两位科班出身的幼儿教师寄予厚望。能唱歌，会跳舞，还能弹琴的我们，一下子就成了村里的名人。上课时，附近的村民都喜欢来围观，感觉就像看唱大戏一样，热闹、好玩！我们可以说是天天开放日了，不用领导检查工作，附近村民就先验收了。面对这样的场景，我们难免有些紧张，甚至难为情，再加上幼儿有点"人来疯"，常使我有点茫然，甚至束手无策，有时还会被幼儿气得掉眼泪……理想中带着幼儿尽情游戏、快乐活动并没有在现实中实现，教学活动开展得并不顺利。科班出身的我们俩曾经的自豪感在遭遇了几次失败后荡然无存，终于做出决定："放下架子"去农村学前班听课，去了解农村幼儿的现状、家长的需求，再结合自己在学校所学的知识，大胆地调整自己的工作思路，"土洋结合，城乡合一"。就这样，我们的工作慢慢地开展起来。幼儿越来越喜欢我们这两个"大朋友"，我们也离不开这群"小不点儿"了。一段时间后，村民们对我俩刮目相看，用他们的话说：带几十个幼儿玩真不容易！不仅要有好脾气、好耐性，还要有一身的本事！幼儿园由刚开始的一个班20个幼儿，发展到6个班200多个幼儿，教师也由3名发展至16名。因教育管理科学规范，保教质量好，1994年，我市东半县的教研现场会在卢店镇召开，西半县的教研现场会在一幼召开。凭着我们对幼教工作的热爱和执着，幼儿园的工作赢得了镇教育组领导的信任，培训卢店镇学前班幼儿教师的任务又落在了我们的肩上。就这样，教学和培训工作两不误，连续3年，全镇幼儿教师的基本功、教学法都经过了较系统的培训。1995年，我和现任幼教中心主任的马玲一起参加"郑州市说课比赛"，被评为"郑州市青年教师教改新秀"。16年乡镇幼儿园的工作经历，源于一种"爱的传承"，我们在"感恩"中体验爱的幸福。

幼儿园在周边声誉越来越好，我们赢得了家长的尊重，也遇见了许多令人感动的事儿。例如，一天上午，上完两节集体教育活动课后，我带幼儿去后院上厕所，因要拐个弯，有几个幼儿脱离了我的视线。当听到幼儿的哭喊声后，我赶忙跑去前院，一个叫晓阳的男孩头磕在了水泥砌的平衡木上。当时幼儿额头上的鲜血不断流出来，我吓得抱着幼儿就向医院冲，好在并没有伤到骨头。由于我的失职，幼儿受了伤，我很是自责。晓阳的姑姑在卢店初中教学，他家在槐树坪，为了能上我们园，家长天天走这么远接送。我见到家长时，正要开口向幼儿家长道歉，家长却拉着我的手说道："老师，真对不起！我们家孩子太调皮了，给您添了这么大的麻烦。"家长暖心的一番话让我既自责又感动。本是我工作上的失误，家长却如此善解人意。自己的责任自己担，每天放学后，我带着我家孩子，领着晓阳一起去医院打破伤风针、换药。晓阳痊愈后，家长提着一篮子鸡蛋来谢我，那一刻，我被质朴的家长深深地感动了。以心换心，用爱育爱，我相信，这件事会给我、家长和幼儿留下"爱的回忆"，会给我们今后的生活注入爱的温暖。

四、成长——爱之路

只管播种，不问收获；和美一幼，真爱同行。

（一）慧爱——学会爱的本领，丰富自己

华东师范大学姜勇教授在谈幼儿园教师的"仁爱之心"时讲，幼儿教师的"仁爱之心"首先是一种"慧心"，即"会爱"，我们可以用这样一个提问来确认："您懂得怎样表达爱才能让幼儿接受和满意吗？"幼儿园教师的爱是有智慧的、有方法的，无智慧的"爱"反而有可能对幼儿造成伤害。所以，幼儿教师要用幼儿所喜欢、所满意的方式来和幼儿相处。设想一下，假如有段时间你心情低落，不想说话。你有三位朋友：第一位，不打扰你，安静地走开，但总是会过来看看你的情况；第二位，与你促膝长谈，分析情况，出谋划策，帮你找出问题；第三位，二话不说，拉你去逛街购物，游山玩水。请问，您觉得哪个朋友的关爱是有效果的？其实，这三个朋友的关爱都是很好的，而关键则在于此时此刻的你更希望你的朋友采用哪一种方式，你更希望的那种方式就

是最合适的方式。"会爱"的幼儿教师懂得倾听幼儿，懂得走进幼儿的内心世界，懂得用幼儿最喜欢的方式来表达对他们的"爱"。所以，幼儿教师的"仁爱之心"是需要智慧的。有的幼儿教师"不会爱"，想当然地认为幼儿会喜欢他们所采取的那种爱的方式，而没有充分倾听幼儿的心声，就以自己所习惯的方式来向幼儿表达爱，而不是用幼儿所喜欢、所期待、所渴望的方式来表达爱。仁爱是一种智慧，我们需要学会"如何爱"。《庄子》中有不少寓言故事都表达了"仁爱"要以对方所能接受的方式来进行。例如，《鲁侯养鸟》就是讲"仁爱"的："昔者海鸟止于鲁郊，鲁侯御而觞（shāng）之于庙。奏《九韶》以为乐，具太牢以为膳。鸟乃眩视忧悲，不敢食一脔（luán），不敢饮一杯，三日而死。此以己养养鸟也，非以鸟养养鸟也。"庄子的点评非常好：这是用我们自己所喜欢的方式来养鸟，而不是按照鸟的本性或按鸟所希望的养育方式来养鸟啊！所以，要培育幼儿教师的"仁爱"之心，首先就要提升幼儿教师"会爱"的智慧与能力。

2003年8月，我怀着到大单位历练，增长自己"仁爱"本领的初心，进入一幼工作，一切从"零"开始，从原来的业务副园长，到重新从一线教师做起。这边刚把调令交于马园长手中，那边的双向选择招聘大会，我就被聘为教研组长。让我这样一位刚刚从乡镇调来的老师马上当教研组长，我感觉到这是园领导对我的信任和期望，是给予我的成长机会，我应该好好珍惜，迎难而上！虽然我还不了解新单位的教育现状，但只要是个"有心人"，世上就没有"难事情"！

我从不断地完善教研制度开始，向身边的老教师学习，向书本学习，当时我购买了一本《学前教育教学研究》，这本书内容非常专业，但也枯燥难懂，但是这些都不能阻挡我学习的热情，我像蚂蚁啃骨头一样，一点点地啃，一点点地学。不断发展的幼儿教育需要不断学习、学习能力强的幼儿教师。"会爱"——智慧爱，离不开学习和教学研究。幼儿园的教研组正是学会如何爱的好阵地，是智慧爱产生的好阵地。我带领大家一起学习，学习业务理论，学习日常教学中的案例；听课，评课，开展课堂观察、一课多研，带头上"研究课"，把自己当作"小白鼠"，为大家提供研究的样本，及时撰写在教研活动中的所思所想，积极参加各种活动的研讨、评比等，在实践中研究，在实践中反思，在实践中历练各项基本功，并不断地总结提升，梳理凝练教育思想。记得有一次，园里需要一份关于园本教研开展的材料，接到通知的时候，已经是下午幼儿离园后了，我就利用晚上写材料。因为日常教研工作做得扎实，又在理论上不断学习，我一晚上就把材料写好了，第二天早上上班就把材料上交至园办。当时我还不是班子成员，马园长在召开班子成员的会议时，就此事好好地赞赏了我一番，这也让我的专业能力又一次得到园领导的肯定。

2006年，教研室要一幼上报一节优质课，幼儿园把我的名字报了上去，当时我已经是年龄较长的一线教师了，就向领导推荐青年教师，原因是我想把机会让给年轻人，他们的发展空间更大一些。但马园长说："这种机会不是谁想要就给谁的，因为你上过两次登封市的达标课，才赢得了这次机会！"哦！原来这样，我不放过每一个进步的机会的这种想法，为我换来了成长中的一次又一次良机！就这样，大班《吉祥三宝》音乐欣赏课作为郑州市的示范课，到上街区面向郑州市六郊县示范。"只管播种，不问收获"，顺其自然，收获颇丰。随后，一幼园本教研活动的展示、关于示范课的反思交流、撰写的论文等在郑州市、河南省获奖。这样，日复一日，年复一年，我们在"善学、明辨、笃实"中，学会爱，提升慧爱，增强自己爱的本领，不断地让自己丰盈起来！

（二）播爱——从"心"出发，用"爱"铺路，追寻美丽幼教梦

2013年7月，我通过竞聘被登封市教育体育局党委任命为一幼园长。从事幼教工作二十多年，我一直有一个美丽幼教梦——幼儿园应该是一所"乐园"：是幼儿健康、快乐成长的乐园；是教师快乐工作、幸福生活的乐园；是家长陪伴幼儿成长，追寻童年美好的乐园！

走上领导岗位后，我一直在思考、在追寻、在坚守、在坚持，终于找到了实现梦想的秘方——对幼教一如既往的、炽烈的、执着的"爱"！正像我国近代教育家夏丏尊说的："没有爱就没有教育。"我一直坚信，心中有"爱"，一切终将美好！

美好的梦想在招手，满怀"爱心"去追寻，途中定会芳香四溢，风景旖旎……

要实现这一梦想，园长必须具备较高的人格魅力，在思想上高于他人，行动上先于他人，业务上超于他人，成绩上优于他人，荣誉上让于他人，待遇上不特殊于他人。

拜读李希贵的《为了自由呼吸的教育》一书时，我有一种比较相似的在管

理上的心路历程。

曾经有一个时期，我被园里出现的各种各样的事务所缠绕，感觉自己对做管理工作失去了热情，越来越怀疑自己的管理能力，感觉实施的任何管理举措，都会有人想出许多理由和我"过不去"，于是，管理变得琐碎、无聊、麻烦，没有尊重、理解，更没有成就感。

后来，我慢慢明白了，其实，我并没有真正理解管理的真谛。每一位被管理者都是活生生的个体，如果我们不能把被管理者放在应有的位置上，尊重他们，理解他们，甚至热爱他们，我们的管理就不会有太大的成效。管理，是组织才华的艺术，也是开发才华的艺术。一个管理者，更应该注意欣赏才华，使才华最大限度地升值，这里面蕴含着管理的更高境界。

我从这样一个思想基础上看待管理——让每一个人都感受到自己的重要性，然后研究管理的方法，调整管理的思想，果然收到了良好的管理效果。

1. 从心出发——聆听心声

从业务园长到园长这一角色的改变，让我一度陷入思考：管理的对象是幼儿教师，幼儿教师心中对幼儿园的发展有什么想法？对现有的管理方法有什么建议？"以人为本、柔性管理、赏识管理"的管理理念怎样体现？"快乐工作、幸福生活"的园风怎样形成？只有走近教师内心深处，了解他们，才能真正地尊重教师。从心出发，聆听心声，分层面对面座谈——心灵沟通，了解教职工所思所想。我园采用了如下方法：

（1）名师、骨干教师座谈会。

我园有河南省名师2人，郑州市名师1人，登封市级教学能手、教坛标兵、名师12人，省级骨干教师8人，郑州市骨干教师13人，占在编一线教师的50%，他们在幼儿园教育教学中起着中流砥柱的作用。了解教师内心的想法和对幼儿园的设想，对幼儿园发展有着至关重要的作用。大家围坐在一起，没有领导与下属的区别，没有正式的会议记录，有的只是开诚布公，发自内心地谈自己的家庭生活、专业成长、教育特色的确定、课程的设置以及展望幼儿园的美好前景等。通过零距离的交流沟通，我了解到教师在生活中的苦恼、对自我成长的渴望、对幼儿园管理的建议。座谈交流给幼儿园的整体管理提供了真实可靠的有力依据。

（2）老教师座谈会。

大家称老教师们为"资深美女姐姐"团队，她们是一幼的建园功臣，对幼儿园有着深厚的感情，现在身处后勤岗位。我园时常组织她们进行集体交流、个别交谈，让她们敞开心扉忆过去，真实交心找问题，畅谈理想描未来，扎扎实实做现在。老教师的敬业精神，感染着一幼这个大家庭，她们在有限的职业生涯中，充分发挥她们的引领作用，让幼儿园的长远发展有了根基，有了力量。

（3）外聘教师座谈会。

随着幼儿园的发展，我园的外聘教师已占到50%，其中，一部分为年轻的一线教师，一部分为稍年长的后勤职工。对于这个群体，他们最需要的是"归属感"，除体制管理不一样外，在一幼这个大家庭中，人与人之间的尊重是一样的。我园通过座谈，树立他们的主人翁意识，帮助他们认识到他们是主人，不是客人。我们在各项管理方面，根据国家和上级相关政策，最大限度地满足她们的精神需求和工资待遇需求，我们的共同目标是实现"同工同酬"，让大家觉得在一幼工作很自豪，很愉快，而且有前途。特别对于一部分年轻教师来说，他们边工作，边学习，幼儿园鼓励他们参加招教考试，不怕他们的翅膀硬，只嫌他们学得不够，飞得不高。不管走到哪里，他们都不会忘了一幼——他们成长的摇篮。

2. 集思广益，启迪智慧——重视教职工的参与权

（1）针对一个问题采集教师的智慧信息。

例如，在"我爱一幼，我写园歌"活动中，人人参与园歌的创作，体验主人翁的角色，把情感融入幼儿园的管理。

（2）对幼儿园核心文化的梳理和归纳。

一幼建园30余年，拥有深厚的文化底蕴，随着幼教行业百花齐放、日新月异的发展，传承和创新成为幼儿园发展的新课题。我们的办园目标、教育理念、共同愿景、园风、教风、学风等核心文化也应该适应新发展、新要求。为此，我们从调查问卷到集体例会，从领导班子集中讨论到骨干教师逐条审议，再请专家领导细细指导，最终确定了现在的"核心文化"，园歌、园旗、园徽也应运而生。

（3）以人为本，民主管理，科学规划幼儿园发展。

乔尔·罗斯说："没有战略的企业就像一艘没有舵的航船一样，只会在原地转圈，它又像个流浪汉一样无家可归。"也有人说，没有规划的人生叫流浪，有规划的人生是航行。我们的做法：一是发放调查问卷"我为幼儿园三年规划献良策"，问题有："我理想中的幼儿园是什么样子的？三年内我们需要做些什么？我现在正在为幼儿园做什么工作？以后希望做些什么？"这些问题旨在让教师畅谈自己的想法，署名、不署名都可以，以打消教师的顾虑，让他们大胆直言，畅所欲言。二是在大家填写调查问卷的基础上，利用周五下午的大教研，分组讨论幼儿园的三年发展规划。讨论现场热烈、激动人心，大家对幼儿园的未来三年进行畅想，智慧碰撞，规划思路越来越清晰。此活动激发了教师参与幼儿园管理、参与幼儿园发展的热情，为幼儿园今后三年的规划提出了比较具体的宝贵意见，也为幼儿园顶层设计献计献策。美好的未来来自大家智慧的结晶。凝心聚力谋发展，"和美"的核心文化得到了大家的充分肯定！

3. 定期公示或通告幼儿园的大事——重视教职工的知情权和监督权

我们将每学期的工作行事历在大家写计划之前发放到各个班级，便于大家根据幼儿园工作的整体安排，合理计划班级、教研组、年级组的各项工作。每月、每周的工作重点与安排，每项岗位练兵成绩，每月的生活费使用，每学期的资金运转情况，等等，都要以公示的形式告知全园教职工，让大家了解幼儿园工作动态和工作过程。我们在告诉教职工"做什么"的同时，也要让教职工知道"为什么做"，让教职工了解幼儿园工作思路、工作目标以及工作中的难处，获得教职工的理解和支持。教导处、总务处适时以口头传达或书面通报的形式把工作的过程和结果进行告知，对做得好的教职工给予表扬，对做得不好的教职工加强指导。我们让每一个环节都有教职工的参与，让他们知情，同时监督，提高幼儿园管理的透明度——公平、公正、公开，让大家心清、气顺，提高他们工作的积极性和主动性。

从心出发，聆听心声，体现了以人为本、民主管理，从教师的内心深处打开了"管理与被管理"之门，教职工和管理层之间的关系更多的是"成长共同体"的伙伴关系，两者团结一致，形成促进幼儿园发展的强大力量。

4. 优化内部管理——让"爱心、精心"融入管理

打开心扉，心灵相通后，就要加强和优化内部管理。用明德引领风尚，管理中体现"以德用人"，有"温度和情感"地投入，这是我们一直倡导的。

任人以"德"，人尽其才。管理层中，大部分成员都是以往的优秀骨干教师,但每个人的性格、特长、秉性各异,怎样优化内部管理?怎样做到优势互补,人尽其才,发挥每一个人的内在潜能,达到最佳管理效果?

对于各科室负责人的选定、中层领导的遴选、重要岗位的人选,首先要全面调查他的家庭情况:是否孝顺父母和长辈,家庭关系是否和谐;在幼儿园里和同事的关系是否融洽;在处理个人和集体利益中的做法是否得当;对家长、幼儿的态度如何;等等。推选出有"公心和爱心"的人,为大家服务,为幼儿园服务。在此过程中,园长一定不能任人唯亲,独断专行,一人说了算。例如,我园选伙房司务长时,就是按照以上思路进行的,等到主抓纪检的副书记和总务主任打电话征求当事人意见时,那位老师还莫名其妙:真的让我来做这个工作?大家这么相信我?没有提前的任何铺垫准备工作,一个人的品格、德行决定了他适合哪种工作。年级长和教研组长的选定也是使用同样的方法推选的,得到了大家的高度认可,这种做法有利于工作的顺利、高效开展。

五、凝练园所文化,以文化人

(一)核心文化

一幼经过35年的文化沉淀,根据《幼儿园教育指导纲要》(以下简称《纲要》)、《3—6岁儿童学习与发展指南》(以下简称《指南》)、《幼儿园工作规程》(以下简称《规程》)精神,集全园教职工集体智慧,凝练出了"和美一幼 真爱同行"的核心文化,形成"三位一体、共同发展——愿我们的教师、家长和幼儿一起体验生活、分享快乐、和美成长"的共同愿景;以"和谐、美好、求精、创新"为办园目标,以"游戏中学习、生活中成长"为教育思想,以"真爱管理,和美教育"为管理理念,优先发展我园的特色项目,也是我园的培养目标——知礼养正(德)、启智爱家(智)、尚武健体(体)、和乐至美(美)、勤劳化美(劳),培养德、智、体、美、劳全面发展的"和美宝贝",在此基础上凸显以"花样篮球"为主的体育特色。

(二)基本理念

园风:和衷尚美,至真至诚。

教风:寓教于乐,笃行至美。

学风:和乐思进,臻于至美。

园训：和美一幼，真爱同行。

园标：和美之歌（鸽）。

（三）幼儿园发展方向

和美一幼，真爱同行。

真爱幼儿——培养和乐至美的和美宝贝。

真爱教师——发展和衷尚美的和美教师。

真爱幼儿园——追求和美教育（校园环境和谐美丽，保育保健健康和美，教育教学笃行至美，家园工作和谐美满，示范辐射和美前行）。

1. 环境篇——和谐美丽

现在的一幼综合楼于2012年原址重建，南楼于2014年进行加固维修。目前，全园占地面积3 667平方米，建筑面积6 663.97平方米，户外活动面积1 783平方米。整个建筑像梦幻城堡，设计先进、理念超前，安全和科技在这里完美结合，童趣和艺术在这里交相辉映。

环境的创设和布置融入"诗情画意、和谐美丽"的理念。综合楼以彩色外墙为基调，以幼儿喜欢的橙色、黄色、绿色、紫色相互交汇，橘黄色的彩虹门与大楼浑然一体，多种色彩巧妙搭配、相映成趣，和谐美观。

园内广场上的舞台与景观两用帆船、喷泉乐园、参天大树、梦幻迷宫、彩虹瀑布、大型玩具、攀爬岛等布置科学、趣味横生。

全塑胶的地面和一楼敞开式室内大厅为幼儿的集体活动提供舒适、宽敞的空间，置身园中，如同走进美丽的童话世界。

深受幼儿园教师喜欢的"爱之泉"水系，大型玩具、沙池、戏水池为幼儿增添了无限乐趣，他们在游戏中锻炼了体能，收获了快乐。

在功能分区方面，幼儿活动室与生活体验室、美术创意室、图书阅览室、科学发现室合理分布，完美互补，为幼儿营造出和谐的成长氛围。

目前，一幼拥有21个教学班，室内配备多媒体电子白板和钢琴，生动形象的教学，让幼儿流连忘返。空气净化器、消毒柜、空调、暖气、直饮水系统、热水器等完备的硬件设施，为幼儿的安全和健康提供了可靠的保障。

活动室外，根据年龄设置的主题文化墙丰富多彩，独具匠心。在廊道中，幼儿种植的绿色植物，见证着生命的蓬勃成长，每一处文化布置和景观都记录着幼儿快乐生活的点点滴滴。

综合教学楼四楼为办公区域，多功能电子备课室集教师备课、阅览、教研等作用于一体，名师工作室、园长工作室、多功能厅等是大家学习、研讨、交流、分享以及教育智慧提升的地方！廊道中别致温馨的"小小书吧"，更是让人阅心、静心，是尽享阅读之美之处！

人美景美，人景交融，和谐共生。

2. 管理篇——和美真爱

尊重幼儿发展，促进教师成长，遵循幼儿园规范办园规律，合道而行，用真爱管理，实现和美教育。

3. 教师篇——和衷尚美

一幼现有教师102人，其中高级教师4人，一级教师36人，河南省级骨干教师10人，河南省名师4人，河南省优秀教师2人，河南省学术技术带头人4人，河南省教育专家1人。优秀的教师队伍为一幼保持高质量的教育、探索特色幼教、促进幼儿个性发展提供了强大的智力支持。

完善的管理制度，和美文化的引领，使整个教师队伍"和乐共进、尽善尽美"。幼儿园的领导团队民主决策、率先垂范，根据职务和特长科学合理分工，各科室之间以沟通、理解实现无缝对接，抱团前行。

一幼实行名师、骨干教师、班主任、青年教师的分层管理，发挥名师优势，制订青年教师"二帮一"帮扶计划，开展多元化培训，促进教师和谐相处、快乐工作、共同进步。

在教学方面，一幼坚持保教并重，保教结合，全面发展。把"一日生活皆课程"融入园本教研，建构出富有地域特色的园本课程"我爱我家"；开展"礼貌小天使""我们的节日""文明礼仪伴我行"等活动，寓教于乐，使幼儿在游戏中快乐学，在体验中主动学，在游戏、音乐、绘画和舞蹈中体验到美和感受到快乐。

在课题研究方面，一幼以班子成员和中层领导带课题为导向，全员参与，带着问题进行行动研究，不断地提高教师优化一日活动、游戏活动、集体活动等的设计、组织和实施能力。

在师德方面，一幼通过举办道德讲堂、师德演讲比赛、读书交流活动、师德征文大赛等加强师德修养，增强教师的职业荣誉感。

在后勤方面，一幼以服务一线为宗旨，除了严格地执行财务制度，体现领导集体意志以外，一幼还常常邀请一线教师、教师代表参与财务预算及后勤管理，使后勤管理科学高效，和气透明。

民主决策、财务透明、和美管理，让我们有了共同的愿景。我们的工作从"你让我做"变成"我应该做"，并逐步演变成"我要主动做，而且要做得更好、更美"！

4. 幼儿篇——和乐至美

在游戏中学习、在生活中成长是一幼30余年来勇立全市幼教潮头的法宝；培养"知礼养正、启智爱家、尚武健体、全面发展"的幼儿是一幼的教育特色。

《一幼一日活动常规检查标准》细化出了一日生活中不同年龄段幼儿的行为、各岗人员的工作标准，促进了幼儿的养成教育，让幼儿学会交往、分享、感恩和做事。

在区角游戏方面，一幼在材料的投放、区角的创设、游戏观察的角度等方面着力，以幼儿的体验为出发点，不断改进内容和方式，培养幼儿的胆量和自信，促进幼儿表达能力、想象能力、创新能力的发展，同时，让幼儿养成良好的生活卫生习惯，提高幼儿生活自理能力。

教师团队通过潜心研究及摸索实践，打造出"健康宝贝"户外体育特色——全园性普及的"幼儿武术操"、分年级开展的花样篮球、花样跳绳、室外游戏、幼儿亲子运动会等项目，以幼儿的身体健康为基点，在全面发展的基础上，提炼特色，和美发展。

一幼利用每周一的升旗仪式进行爱国教育，利用每周一个班的"雷锋宝宝"班值周，开展品德教育，开展幸福、快乐与爱的接力。

教师和颜悦色，幼儿温和友善，一幼是一个快乐的大家庭。

5. 家园篇——和睦美满

一幼是一个充满爱的大家庭，幼儿园通过与家长签订《家长爱心承诺书》达成共识，成立家长委员会参与学校管理，举行家长开放日，举办家长亲子运动会，评选优秀家长，等等，形成包容理解、支持参与、和睦美满的家园关系。

和美，以和为美。和，是待人接物的恰到好处，是教化引导的适可而止。一幼在家长学校中坚持把"给幼儿适宜的爱"作为真爱传递给家长，主要载体有园长主持召开的新学期家长会、每周五下午分年级轮流开展的"一幼幸福家园讲座"和"一幼幸福家园"微信平台等。

一幼定期邀请家长入园品鉴幼儿伙食、观看特色展示、听取幼儿素质汇报,鼓励和组织教师家访,利用接送园沟通交流;充分利用家长的优质资源,如邀请家长助教、做义工,组织家长之间开展"谈家风家训,说家教"分享活动的同时,利用微信、短信亲密联系,促进家园共同学习,凝聚教育合力,分享幼儿的七彩童年生活,促进幼儿的健康、快乐成长。

6. 示范篇——和美同行

美的真谛在于和谐,一枝独秀固然美,百花齐放更是春。早在2000年,一幼便与河南省实验幼儿园等一起被评为首批省级示范性幼儿园。从那时起,一幼更加致力于全市幼教事业的全方位提升,在其示范辐射作用带动下,2011年之后,登封市先后有2所幼儿园被评为省级示范性幼儿园,有6所幼儿园被评为郑州市示范性幼儿园。

尤其是近年来,借助园内的"郑州市名师工作室""登封市第一园长工作室"平台和"百园扶百园"计划,一幼积极面向全市幼儿园名师和70所幼儿园开展专家讲座、送课下乡等活动,发挥省级示范性幼儿园的辐射作用。工作室先后有百余人次到全国各地聆听知名专家讲座。工作室开展主持人指导、名师半日活动展示、交流活动方案、冬季亲子运动会观摩、家长开放日活动观摩、户外体育特色展示、欢庆"六一"活动观摩、区域游戏活动观摩、艺术节活动观摩、制度交流、活动视频分享等活动。3年来,一幼在本地区开展的各项引领培训,参与者有3 000余人次,受到全市好评。

与此同时,一幼没有停下脚步,全体教师和衷笃行,诸多荣誉纷至沓来,先后获得"中南杯"全国幼儿基本体操一等奖,荣获"河南省教育系统先进家长学校""河南省校园文化艺术工作先进单位""郑州市教科研先进单位""郑州市语言文字先进校""郑州市师德师风先进校""郑州市文明学校""郑州市教师发展学校首批试点单位""登封市文明单位"等奖项及荣誉称号。

因和而美、因爱而美是一幼本真教育追求的最高境界。在"和美"愿景的影响下,一幼全体师生团结协作、和衷尚美,努力把幼教事业做到极致,用爱为登封教育续写幸福快乐的乐章!

六、分享爱的小故事

每天沐浴在"和美一幼，真爱同行"的爱意浓浓的校园环境之中，聆听着《一幼让爱满天下》的园歌，稚嫩的童声飘扬在童话般的校园上空：巍巍嵩山下，一幼是我家，爱的摇篮里有颗颗小幼芽，教师温柔又美丽，都是我的好妈妈；爱心乐园里，一幼是我家，甜甜的微笑，温暖的怀抱，可爱的天使，辛勤的园丁，这就是我们幸福的家。来吧，伙伴，来吧，朋友，今天我是一幼的好娃娃，明天我成栋梁爱满天下，爱满天下，爱满天下……家长与幼儿大手拉小手，满面春风，和着音乐，轻声哼唱，一起奔向这个美丽而又幸福的地方。

（一）师爱化春雨，把"品德"教育的种子从小播撒在幼儿幼小的心田

"老师好！""叔叔好！""阿姨好！""爷爷好！""奶奶好！""小朋友好！"礼貌小天使面对不同的长辈，给予不同的甜甜问候，和着长辈有礼貌地回应，汇聚成了一天美好开始的乐章！

每班轮流做一周的"雷锋宝宝"，轮值的幼儿为全园服务，主持升旗仪式及整理全园小型玩具，带动家长组织接送园，国旗下园长妈妈的爱国教育、感恩教育，集体宣誓"我要每天面带微笑，尊敬老师，和小朋友友好相处，随手捡起地上的垃圾……"，把雷锋叔叔助人为乐的精神落实在每一天的行动中，让幼儿逐渐养成良好的品德习惯，为学会做人打下坚实的基础。

在幼儿一日活动的各个环节，幼儿教师都会把学习分享，善于交往及学会必要的等待、谦让、合作等渗透其中，在幼儿园五大领域（健康、语言、社会、科学、艺术）、七个学科（数学、语言、社会、健康、音乐、美术、科学）的教育教学中，重视幼儿学习品质的培养，充分尊重和保护幼儿的好奇心和学习兴趣，帮助幼儿逐步养成积极主动、认真专注、不怕困难、敢于探究和尝试、乐于发现和创造等良好学习品质。

心中有爱，使教师不断学习，充实自己；科学教育，让我们的天使——幼儿从小把"品德"的营养汲取。

（二）班级掠影，彰显师爱

大一班的刘老师家里突发意外，需要处理家务，请假两周，代班的我有幸和快要毕业的大班幼儿相处一段时间，觉得心中非常踏实和欣慰。

泽鑫——我早有耳闻，也认识，全园为数不多中午不睡觉的幼儿。我以前也曾经在他们班值过中午班，发现他的确一中午都不睡，不仅游走在睡觉的幼儿中间，还发出一些动静来。我和他谈话，问："为什么不睡？""我睡不着，还有你不是我们班的老师，她们在这儿值班，我才睡！"我听得一愣一愣的，应答不上来。后来，我询问其他老师，老师说："他啊，十个中午有两个中午睡着就不错了！"问其原因则是精力充沛，充满活力，需要的睡眠时间少。不同的幼儿的确身体素质有差异，这是客观存在的，我不得不接受现实。但在集体生活中遇到这样的幼儿，也确实让老师挺头疼的。如果任由独来独往的泽鑫这样下去，他在其他的活动中也会这样，逐步从班级随意走动，发展到一层楼、全园游走，会影响他人休息。放任是对幼儿的不负责任，教师还是要继续想教育方法的。

上午班不用考虑午休的事儿，我还是可以比较自如地组织。幼儿刚刚参观过小学，都比较兴奋，接下来的两节集体教育活动课进行得非常顺利。当我直接叫泽鑫的名字时，他马上反问："你怎么知道我叫泽鑫？"多么机灵又敏感的幼儿！"你忘了，前几天中午咱俩说过话。""哦！"他若有所思地好像想起了我。我特意记住他的名字，在无形中拉近我们的距离。在画"好朋友的长处"时，我发现泽鑫的作品构图大胆、线条流畅、布局合理、想象力丰富，而且他画画时特别专注、认真。我及时给予他肯定，换来了他脸上发自内心的稍带羞涩的微笑。每个幼儿都需要赏识和鼓励，加油，泽鑫！

下午的班，我有点担心，和上午班的李老师交接过后，我不敢刻意地关注泽鑫，真怕他再来一个"孙悟空大闹天宫"，那样中午就不消停了。我组织全班幼儿如厕、上床，用余光看他，他好像精神头儿不那么足，还好，让他和其他幼儿一样，慢慢稳定，渐渐安静吧！大概有半个小时，大部分幼儿都睡着了，他也闭上了眼睛。我不去打扰，静观一会儿再说。我边巡视边给幼儿盖好被子，这时，泽鑫已经睡着了，我小心地把他的被褥整理好，望着他熟睡的样子，终于可以松一口气了！我还比较幸运，赶上10天中的那"两天"了。李老师来上班了，第一句就问："泽鑫中午睡得好吗？""太好了，全班小朋友睡得都很好！"我不假思索高兴地回答。李老师和秦老师相视一笑：看来上午的户外活动没白安排。原来，根据幼儿的身体特点，李老师在上午组织户外活动时，对这几个幼儿进行了较强负荷的身体锻炼——"全场踢沙包"，几个男孩活动强度大，午饭的进食量也大了，午休时睡得也香了！哦，原来如此！这并非偶然，而是有计划的安排，好有爱心和智慧的李老师！离园时分，泽鑫拿了一本绘本《追求幸福生活的蜗牛》让我给他讲，我们一起坐在琴凳上，边提问边讲故事，也吸引来了其他几名幼儿，一圈小脑袋凑在一起，分享故事内容，我在心里说：泽鑫不孤单了，老师和小朋友们越来越喜欢你了。心中有爱，天使满怀！

梅盈——一个个子在全园最高的女孩，两天来都是文文静静的，比较乖巧，并没有引起我太多的注意，也不需要我花过多的精力去特别照顾，她属于班级中各种活动都自然随从的那部分幼儿。但在一个评价环节，梅盈让我另眼相看，大吃一惊！按照《指南》中的教育目标，大班的幼儿要"会正确书写自己的名字"，我就利用午休时间，把一个个幼儿的名字和学号工工整整分别写在一张张白纸上，希望下午幼儿能看着学写自己的名字。学写名字的过程非常顺利，比我想象的好，大部分幼儿都会初步写名字了，只有4名幼儿需要老师帮助，不过他们进步挺快的。活动结束时，我拿着一张张写着名字的纸让幼儿认，可爱的幼儿竟然都能集体读出不同小朋友的名字，看来，我低估了他们的识字基础。为了鼓励写得好的幼儿，每展示一幅作品，幼儿都会自发地集体鼓掌，以表示鼓励。等到我出示"梅盈"时，没有人应声，梅盈小朋友双手紧捂耳朵，突然激动地说："能不能让我安静一会儿！"活动室顿时鸦雀无声。哦！刚才热烈的气氛让孩子觉得太吵了。于是我尊重孩子，改变策略——把轻轻的掌声送给梅盈……孩子，不用捂耳朵了，把你最漂亮的微笑送给写得好的孩子！鼓励的形式因为梅盈而不断地发生着变化，连最闹腾的几个男孩也没有了以往的大嗓门。天使的性格、脸庞都是不同的，心中有爱，就有尊重，就会涌现源源不断的教育智慧！

接园了，几个幼儿没被接走，我拉着他们的手，围在一起。这时，一个小女孩说："老师，我怎么越来越爱你了！"说着扬着笑脸钻到了我的怀里。"我也是啊，那就来一个爱的拥抱吧！""我也要，老师，我也要！""好吧，都来吧！"为人师者的幸福无人能比！心中有爱，天使满怀！

每天早晨面对朝阳初升的校园，傍晚目送欢欣雀跃扑向家长怀里的幼儿，校园变得恬然宁静，身处童话般的儿童乐园中，我常常有种幻觉，有种冲动，心中不觉咏唱出一首歌：

　　长路奉献给远方，玫瑰奉献给爱情

　　我拿什么奉献给你，我的爱人

　　白云奉献给草场，江河奉献给海洋

　　我拿什么奉献给你，我的朋友

　　我拿什么奉献给你，我不停地问

　　我不停地找，不停地想

　　白鸽奉献给蓝天，星光奉献给长夜

　　我拿什么奉献给你，我的小孩

　　我的幼教之路是一条学习、反思、研究、创新的爱之路，是一条充满了快乐和智慧的幸福之路，更是一条播撒爱的种子，传承爱的精神之路。播种的过程似乎艰辛、忙碌，然而，播种的过程是享受，升华，创造，拓展，只有播种者才深知对未来充满希望是多么快乐和幸福！和和美美做人，踏踏实实做事，心中有爱，天使满怀！

2019年3月12日

从"心"出发 用"爱"铺路 "溪"说管理

一、从心出发——聆听心声

（1）分层面对面座谈——心灵沟通，了解教职工所思所想。通过名师骨干教师座谈会、老教师座谈会、外聘教师座谈会等，各层级的教师面对面交流，了解教职工的所思所想。

（2）集思广益，启迪智慧——重视教职工的参与权。针对问题采集教师的智慧信息，对幼儿园核心文化进行梳理和归纳，以人为本，民主管理，科学规划幼儿园发展，凝心聚力谋发展，"爱"的核心文化得到了大家充分的肯定！

（3）定期公示或通告幼儿园的大事——重视教职工的知情权和监督权。

二、优化内部管理——让"爱心、精心"融入管理

（一）任人以"德"，人尽其才

略。

（二）分工协作，树立全局意识

1. 层层分工明确，体现精细管理和团队精神

幼儿园设立：①园长办公室，主管幼儿园全面工作；②党支部书记办公室，主管幼儿园的党建工作；③教导处、总务处、办公室等，各负其责，各司其职。每个科室都有园级领导负责，园长面向科室分工，科室再向每一位成员详细分工，体现各个科室的精细管理和团队意识、合作精神。园长与科室之间实行"责任追究制"，科室与成员之间实行"责任追究制"，层层落实，人人有责。

2. 分工中有合作，体现大局意识

幼儿园的工作与中小学稍有不同，从管理分工上也有出入，有许多工作是相互联系的，不会分得非常清楚。例如，"德育"工作虽然属于"宣教"方面，但是体现在幼儿园里，就与教育教学紧密相连，所以科室之间的相互合作尤为重要。凡遇到大活动或临时性工作，各科室之间只有通力协作，才能圆满完成。

园长在其中起着重要的疏导、引导作用。"导"为桥梁。对于决策，园长要对执行者讲清意义，使其明白重要性，觉得必须去做；讲清内容，使其懂得可行性，觉得应该去做；讲清要求，使其理解可操作性，知道如何去做。对于一项制度、一个决策的出台，总会产生不同的声音，即便决策再完美也是如此，园长要有一定的耐心和宽广的胸襟，听取不同的意见。

（三）"高标准、严要求"加强班子队伍建设

1. 抓学习

随着读书学习进展，选定不同书目开展"同读一本书"活动。如以读《中小学校管理评价》一书为主，定期交流心得，并按照书中相对应的分管工作进行规范管理。

2. 抓反思总结能力

每次组织活动，都必须制订活动方案，周密计划，合理分工。活动后，认真梳理、反思、总结活动中的得与失，为今后开展此类活动提供有益经验的借鉴。

3. 抓"岗位能力"的提升

幼儿园分业务、后勤、党工团三个管理层，下设年级组、教研组、保育组和勤管组，各有不同的"岗位能力"，各岗位人员针对本块的岗位职责，认真履行，恪尽职守，查找自身问题，提高自身素质，成为各自分管工作的专家、本职工作的能手。

4. 抓深入实践解决问题的能力

主动替班、带班，关心体恤教师工作的辛苦，及时发现教师身上的闪光点，在一线实践中精准地发现问题并及时、妥善地处理问题，让一线成为领导班子发现与解决问题、实践与管理、实践与理论密切联系的主要阵地。带领班子一切"干"在前。例如，每周一的校园大扫除，一幼全体领导班子成员和后勤人员，把校园中的地面、大型玩具、墙壁、小河等角角落落打扫得一尘不染。班子"干"在前，身教重于言教，其身正，不令则行。

（四）发挥中层领导职能，加强过程管理，提高执行力

幼儿园实行分层管理制度，幼儿园管理各个科室，各个科室分管小组。教导处分管的教研组有4位教研组长，而分管的年级组有4位年级组长；总务处分管的保健组、后勤组和保育组，分别由保健组长管理全园的卫生保健、后勤组长管理伙房和后勤人员、保育组长负责管理21位保育员的实践操作。各个组长是她们各自负责领域的领头人，根据工作的内容、性质，组织各种活动，岗位练兵，标准具体细化、数字化，各项活动有方案、有检查、有积分、有公示、有反思、有总结。两位副园长在两个科室的工作中起统领和指导作用。工作过程的精细管理让大家学有榜样、干有标准，付出与回报成正比，激励了大家的工作热情和干劲，保障了幼儿园保教质量的稳步良性发展。

三、制度约束——让管理理性、科学

俗话说："没有规矩不成方圆。"幼儿园的工作烦琐，涉及21个教学班、100余位教师、800余名幼儿，怎样让幼儿的在园生活丰富多彩，体现精细化管理？制度建设是基础，它让管理更加理性、科学。

依据《纲要》《指南》精神和《登封市规章制度汇编》，一幼于2015年3月重新修订幼儿园《规章制度汇编》。

新的《规章制度汇编》是在原有制度的基础上，根据上级近期出台的一些新政策，在领导班子、各个科室和全体教师的认真讨论中定稿的，是一套较为科学而严谨的包括德育、教学、后勤、安全、考勤、教研、家园等方面的规章制度，我们将其印刷成册，人手一本。其内容主要包括：幼儿园的核心文化、不同岗位的工作职责、学习、教研、会议、考勤、伙食管理、财务管理、教师管理和绩效考核制度，以养成教育为主的幼儿评估制度，外聘人员工资待遇管理办法等24项规章制度，7项方案、细则，如师德、名师、先进集体、先进个人、绩效联筹等。

幼儿园的评优评先、职称评定、名师评选、绩效联筹、岗位设置等，凡涉及教职工的切身利益，我们始终遵循公平、公正、公开的原则，各岗人员参与评选，足期公示。每学期召开教代会对各项制度进行完善、补充、修改，做到人人参与幼儿园的各项管理工作。

四、"爱"的滋润——让管理感性、有温度

爱教师——立德树人、用爱滋润，共享教育幸福。以"师德"为切入点，打造一支爱心充盈、师德优良、业务精湛的教师团队；以师德为首，为教育工作的顺利开展奠定基础；以师德为"魂"，开启教育工作的"灵"，有了"灵魂"，教育才能充满智慧。具体的做法如下。

（一）"赏识管理"——树立全园教职工主人翁意识，让师德渗透到管理过程的细节

1. 用"爱"唤起"师德"之根，扬起"正气"之帆

一幼把每周的例会变成教师"爱心分享和相互赏识"的舞台。

幼儿园的工作，"仁爱之心"至关重要。"仁爱"是儒家思想的核心内容，在2万字的《论语》中，"仁"这个字被提到109次。孔子认为，仁爱是最完美、最善良的精神，仁爱是做人的根本。

幼儿园里大部分教师都是女教师，除了"教师"的身份以外，她们还是——女儿、儿媳、妻子和母亲等。面对工作、生活、家庭、幼儿园，怎样处理好它们之间的关系？对一位女同志来说，难！不容易！试想，家庭生活不幸福的人，在工作岗位上会发自内心地善待3~6岁的幼儿吗？内心对家庭中的亲人都不爱的话，她能真心地爱班里的幼儿，爱周围的同事吗？答案是值得人深思的……通过不断的学习，园领导班子寻找到了解开教师"心结"的方法：追寻"师德"之根——让我国优秀传统文化瑰宝走进教师的心灵，润泽"人性本善"的心田，开启"利他"之心，扬起"正气"之帆！

一幼利用每周的例会让教师分享"孝亲故事"、学唱优秀歌曲，为"家庭和工作"中的"爱"搭起一座彩虹桥，使"孝、善、爱"深入每一位教师的心中，用"爱"扬起"正气"之帆。每周的例会，成为教师互表赏识的舞台，让"爱"浸润幼儿、教师、家长的心灵！"夸夸身边的人"——夸夸我身边的同事、夸夸我们班的幼儿、夸夸我们班的家长等，随着分享的逐渐深入，又确立了"美好在于脚踏实地""立足本职，我为一幼和谐发展应该怎样做？""幸福在一念之间"等活动主题。

通过以上分享交流，教师都有了一些明显的变化：对父母更孝顺了，自

律能力提高了，脾气比较急的教师在逐步地学会克制，一言一行都在细节上注意多了，家庭和谐了，教师之间、教师与幼儿之间、教师与家长之间的关系也更加融洽了，整个校园的氛围变得更加和谐、温馨。交流分享时的场面更是感动人心，掌声此起彼伏，"正气"之帆正在每位教师的"内心"飘扬，爱的温暖、赏识管理滋养着大家的心灵……

2. 把赏识管理渗透在日常管理之中

教师更喜欢这样的赏识管理方式。一个微笑、一个肯定的眼神、一句鼓励的话语、一次善意的提醒、一次语重心长的谈话，像春风化雨，润泽心灵，让一些问题迎刃而解；公开场合只表扬，不点名批评，维护教师的尊严；单独交流，找准问题所在，对事不对人，以解决问题为目的，提高教师对疑难问题的处理能力，善于发现教师身上的闪光点。学期末，园长在集体例会上的一篇《工作中的感动，让我用心倾诉……》真情流露地讲述了教师爱岗敬业的点点滴滴，感动着大家，温暖着彼此，让"爱"的暖流润泽着每一个人的心田。学年终，分块评选出的师德先进个人、优质课教师、优秀班主任、年度先进个人，更让教师鼓足了干劲，为新学期打好了坚实的思想基础。

"赏识管理"以"制度管理"为底线、以"师德"为抓手、以领导班子的率先垂范为引领，让教师的自我管理意识增强，激发了教师工作的积极性和主动性，由"我让你做"逐步变为"我应该做""我怎样做会更好"。赏识管理让一幼变得和谐、温暖，有人情味。

（二）搭建教师专业成长的平台，积蓄和丰盈教育工作的"主体力量"

近年来，一幼依托郑州市教育局首批50个名师工作室中的"马玲幼儿教育工作室""郑州市第一园长工作室"和"郑州市发展学校"，通过名师指引、经验分享、专题讲座、案例研讨、教学研究、课程设置等活动，加快促进幼儿教师的专业成长，培养了一批批优秀的教学能手和学科带头人。依据以上实际情况，我们的做法如下。

1. 加强学习

读书学习，提高理论知识；实践学习，提高教育实践能力；树立终身学习意识。

以书为伴，滋润身心。读书是学习的主要方法，近年来，我园给教师定购了《孩子你慢慢来》《特别狠心特别爱》《孩子，把你的手给我》《爱与自由》《让孩子成才的秘密》等大量图书，让教师的思想在书香中浸润、熏染、升华，"腹有诗书气自华"，书香之气滋养着教师的心灵。

一幼的教师都有一颗童心，优秀的儿童读物不仅是幼儿的最爱，也是教师的教育题材，更是教师喜欢阅读的书目。一册绘本在手，让教师组织的幼儿午休时光更加丰富，故事融化在幼儿甜甜的梦乡里，愉悦着教师的精神生活。

一幼在教师和幼儿的阅读需求方面从不吝啬，书目从一线教师中征集而来，保证内容能满足教师和幼儿的精神追求。在管理方面，无论是教师自己订阅的图书，还是幼儿园订阅的图书，都统一管理，流动阅读，最大限度地发挥图书的作用和每一位教师阅读书目的广泛性。

一幼定期组织教师的读书分享活动，交流心得，共享读书感悟，特别是同读一本书。《中小学校管理评价》被我们领导班子成员作为谋划2016—2018年行动规划的工具书，不仅阅读，更运用到实践中来。

阅读加强了我们的师德修养，让我们坚定理想信念，提升道德境界，追求高尚情操，自觉远离低级趣味，自觉抵制歪风邪气。

2. 园本教研

一幼利用中心教研组和学科教研组的教研活动，通过"问题研究""课例研究""课题研究"，使教师在专家引领、同伴互助、自我反思中提升了教研能力，在教育实践中提高理论水平。

3. 分层管理教师队伍，形成"名师结对帮教"小组

一幼分层次对名师和青年教师进行梯级管理，人人制定3年发展规划，目标清晰，过程中有指导，学期末有验收，使不同层次的教师在专业能力上有明显的提升，纵向发展趋势呈现良好状态。

4. 借助"郑州市教师发展学校"平台，提升教师业务素质

在前期园本课程建构的基础上，幼儿园开展"请进来"指导——河南大学学前教育系主任岳亚平带领的专家团队零距离指导，每次专家指导的课例（32节），或主题讲座（13次），或提出的意见和建议，教师都会通过各种形式进行研究和落实，教师的研究能力都有显著的提升。"走出去"学习，河南大学附属幼儿园的参与式游戏培训，我们一线教师人人参与；省内、外优秀幼儿园的参观学习、保健医的营养培训、炊事员的技能培训等，也让教师开阔了眼界，增长了见识；学习后的分享，更让优质资源共享，最大限度地发挥了学习作用，有效地促进了幼儿园教育教学水平的提升。

5. 公开、公平地为每一位教师提供专业发展的平台

一幼将每次的学习、培训、比赛等活动，及时通过会议或"一幼家园"通知大家，鼓励每一位教师积极参与，按照文件要求，逐步公正选拔，逐级推荐，保障教师专业成长的公平竞争和良性竞争。

6. 园本课程的逐步构建为教育工作的"核心"不断注入新鲜的血液

幼儿园课程是幼儿园的"心脏"，它不是为彰显幼儿园的特色而存在的，而是为幼儿的发展而存在的。一幼的园本课程构建以《幼儿园渗透课程》和《幼儿园多元探索课程》中的五大领域七个学科为基础，选取适合我园幼儿发展特点的课程为内容，并结合登封的旅游文化，基础课程+特色文化=一幼园本课程。一幼的园本课程建构之路从"零打碎敲"到"逐步整合"，取得了阶段性的成效：2013年9月，由教研组组长张方方老师在我市教育教学工作会上交流；2013年11月26日，一幼在郑州市幼儿园"园本特色课程建设"研讨会上交流汇报；2014年10月，登封市幼教现场会在我园成功举行，我园的两节园本课程课例和"课堂观察"的全程开展受到了与会领导的肯定和好评；2015年9月，在"课程与教学工作"幼教段会议上，一幼新颖而真实的半日活动"舞台剧"式的展现，又让全市幼教同人眼前一亮，扎实求真的科研精神又一次得到了历练；2016年10月，一幼园本课程汇编"我爱我家"整理完毕，为教师今后课程建构提供了有形成果的参考。

近年来，领导班子和骨干教师主持并积极参与了国家教师科研基金"十一五"重点课题《幼儿教师服务意识与行为的研究》，并荣获国家级一等奖，《教师师德体系评价研究》《幼儿园园本课程研究》《幼儿爱国主义情操教育研究》分别荣获国家级一等奖，为一幼的健康、持续、和谐发展奠定了良好的基础。

五、爱幼儿——育人为本、全面发展、彰显特色

1. 规范幼儿一日生活

爱幼儿，就要严格按照《郑州市幼儿园一日活动常规检查标准（试行）》教育幼儿。

对幼儿一日常规的科学实施、精心管理，用真爱之心关注幼儿学习与发

展的整体性，尊重幼儿发展的个体差异，理解幼儿的学习方式和特点，珍视游戏和生活的独特价值，重视幼儿的学习品质。从小培养幼儿独立的生活自理能力、良好的生活卫生习惯、文明有礼的品德行为，使幼儿会交往、会分享、懂感恩、会做事，把"学会做人"的教育贯穿始终，这是对幼儿终身发展之基的"理智、科学之真爱"。

2. 爱幼儿——就要关注幼儿的全面发展和特色教育

我们用观察记录、教育随笔、教学反思、幼儿成长档案、亲子运动会以及各项活动中的影像和文字等方式记录幼儿的发展状况、成长足迹。例如，幼儿积极参加环保美术作品比赛，400余幅作品表达着幼儿热爱大自然、从小立志保护环境的愿望和决心。一年来的区角游戏活动开展，我们从材料的投放、区角的创设、游戏观察的角度等方面进行教研与观摩，再次从幼儿出发，改进游戏活动的开展。我们从各种活动中看到——幼儿大胆自信，语言表达流畅，富有丰富的想象能力和宝贵的创新能力，养成良好的生活卫生习惯，生活自理能力明显提高。

培养"健康、快乐、聪慧、文明"的幼儿一直是一幼的教育特色理念，在教导处的领导下，教研组带领教师团队潜心研究及摸索实践，共同凝心聚力打造出一幼的"健康宝贝"教育特色——全园性普及的"幼儿武术操"，分年级开展的花样篮球、花样跳绳、室外游戏、幼儿亲子运动会等项目，以幼儿的身体"健康"为基点，在全面发展的基础上，提炼特色、彰显特色，以特色促进其他方面和谐健康地发展。

幼儿发展以《郑州市幼儿园一日活动常规检查标准（试行）》为抓手，本着"游戏中学习，生活中成长"的教育理念，一步步扎实开展，幼儿点滴的进步都让我们感到非常的欣慰。

六、调试外部环境——家园、社区携手"给幼儿适宜的爱"

（一）家园携手实现共同愿景

一幼人的共同愿景是，"三位一体，共同发展"——愿我们的教师、家长和幼儿一起体验生活、分享快乐、健康成长！帮助家长树立正确的儿童观——给幼儿适宜的"爱"，责无旁贷。

新学期的家长会一定是园长主持召开的，我们和家长一起学习"怎样爱孩子才是真爱"——"给孩子适宜的爱"。让幼儿独立、自由、健康地成长,才是我们共同追求的目标,新生家长和教师共同签订《一幼家长爱心承诺书》,家园双方达成共识。现在,一幼每周五下午分年级轮流开展的"家长学校课堂"——"一幼幸福家园讲座"吸引了家长积极踊跃参加学习。这一平台为家园共同学习创造了机会,为大家共同追求"幸福人生"开启了"爱幼儿"的学习通道。家长参与活动的准备、组织、分享、交流,获得了良好的预期效果。

在家园工作方面,我们一直处于主导地位,通过开展丰富多彩的活动,力求达到"促进幼儿全面发展"的家园合作最终目标:建立家长委员会,组织家长定期参观幼儿园科学膳食管理,并品鉴幼儿伙食,观看幼儿园特色展示、幼儿素质汇报,参加评选优秀家长并进行表彰等活动;让家长走进一幼家长学校,聆听名师讲坛,共同学习《指南》,建立对幼儿发展的合理期望;定期举行家长开放日、家长亲子运动会;分享家园园地中的"家教信息",利用早送园、晚接园与家长沟通交流;充分利用家长的优质资源,邀请家长给幼儿上课、游戏,请家长主动申请到一幼做义工;利用电话、网络、校信通、微信平台等现代化沟通方式和家长联系、沟通;等等。丰富多彩的活动让家园共同学习交流,分享幼儿的童年生活,一幼成了家长陪伴幼儿成长,追寻童年美好的乐园!同时,丰富了家长的家庭教育方法,有效地提高了家长科学育儿的能力,家园共同促进了幼儿健康、快乐成长!

(二)调试社区、周边环境

一幼处于市区繁华地带,我们每学期到所属居委会,争取居委会对幼儿园工作的支持;配合所管辖派出所的各项工作,做好门前"三包"——绿化宣传、交通疏导和安全卫生管理;和临近商户做好"噪声"控制的协调;等等。我们争取多方支持,保障幼儿园有一个良好的外部环境。

七、让环境处处溢满"爱"——营造良好的育人环境

(一)物质文化——童话乐园

这是一个美丽的童话世界——城堡乐园。碧溪清清,假山点缀,帆船前行;拾级而上,一步一景,各个角落都温馨、可人、生动而有童趣,处处流露出了浓浓的爱意和美好,感觉自己犹如进入了一个梦幻般儿童乐园……

一幼的校园文化建设始终围绕"爱与微笑"这一主题,每一楼层分别以春

夏秋冬为背景,把一幼的办园特色、教育理念、地域文化、主题活动、园本课程、师生风采等张贴其间;每层廊道、每个教室利用闲置区角种植花草,或存放幼儿制作的玩具等,充分发挥边角空间,力争创设"美观、丰富、真实而有内涵"的高品质的教育环境。

(二)精神文化——"爱"的传承

物质环境的美让我们体验到了政府、社会各界的关爱,而我们更应该注重精神环境的营造,在园领导的带领下,全园教职工各抒己见、集思广益,集体的智慧结晶让一幼的"核心文化"在原有的基础上,有了进一步的升华,园风、园训、园徽、园旗、园歌、教育理念、共同愿景等应运而生。

一幼充满了政府、社会各界的关爱,现代化的园舍、先进的设备、精美的校园景观都是他们的爱心体现;一幼有30余年的发展历史,积淀了深厚的文化底蕴,历任园长都带领着教师为幼儿园的发展留下了宝贵的精神财富,真是"前人栽树、后人乘凉"。能在这里工作是我们的荣耀和幸运,我们应该有感恩之心,更要立志为一幼更好地发展尽职尽责、创新工作,把"爱"传承并延续。

1. 幼儿园广播——听"爱之声",润泽心灵、陶冶情操

在幼儿一日活动的各环节,我们用音乐提醒:一首童声歌曲"让世界因我而美丽"拉开了美好一天的序幕—清晨的希望之声、美好祝愿—餐前感恩教育、愉快进餐音乐—户外活动活泼动感音乐—午休时宁静优美的摇篮曲—离园时的"我爱我的家""把爱传出去""孝和中国"等,不仅让幼儿一日活动的各环节有明显的信号,也把幼儿园"爱的教育、文明和谐"的气氛烘托了起来。

2. 升旗仪式——全园进行"爱国教育""把爱传出去"的文化宣传阵地

升旗仪式以班级为单位,轮流主持,程序严谨:主持人致辞、升国旗、奏国歌、班级才艺表演、园长妈妈讲话、文明行为的集体宣誓、全园师幼一起表演歌曲"把爱传出去"。这一场景吸引了许多家长也不自觉地参与进来,陪伴幼儿感受"爱国教育"。

3. "爱与感恩"教育渗透在幼儿的一日生活之中

每一天,教师之间、幼儿之间、师幼之间微笑着相互问候。"早上好!""叔叔好!""阿姨好!""爷爷好!"伴随着幼儿稚嫩的童声问候,家长也习惯了亲切回应，这是大家最美好的晨间礼物，爱从清晨出发，相互传递……

幼儿园的五大领域七个学科的教育教学、幼儿的区角游戏、生活活动等环节，潜移默化地渗透着"爱爸爸、爱妈妈、爱幼儿园、爱家乡、爱登封、爱祖国"等教育，把"爱"的种子播撒在幼儿幼小的心田。

幼儿园环境处处溢满"爱"，让幼儿的一日活动有序、欢乐，处处赏心悦目、欢声笑语，处处开心快乐、专心专注，点点滴滴显示着教师、幼儿成长的痕迹……

八、重视安全和卫生保健工作

全园教职工树立"安全第一""健康第一"的意识，落实"一岗双责、党政同责"，把安全工作落实到各个层面，做到"三个必须"（管行业必须管安全，管业务必须管安全，管生产必须管安全），"铁制度，钢执行"。幼儿的接送安全、大门口的交通安全、"三无食品"的管理安全、幼儿伙房的食品安全、用电安全、大型玩具的采购和及时维护安全、楼道的接送安全和每周五的安全教育、日常的晨间、传染性疾病防治等工作，都高标准、严要求。

具体措施：每天早上5位教师在幼儿园保健室对全体幼儿进行第一次晨检；班级门口，班级教师对本班幼儿进行第二次晨检；下午离园时，2位值班领导，6位保安师傅提前半小时到岗，对校园内外做好安保工作。幼儿园采取以上措施保障幼儿的安全，保健工作顺利、扎实开展。

两位保健医已通过培训，取得"公共营养师"合格证书，使我们对幼儿的营养膳食工作有着满满的信心。

九、幼儿园财务管理规范

由后勤副园长主管的总务处负责幼儿园财务管理，配备有总务主任、总务副主任、出纳、会计等人员，这些人员均取得会计资格证。按照文件精神，总务处做好大额资金的审批工作，审批程序规范，每一笔大额的支出都要通过领导班子会议全体通过后，由班子相关成员和理财小组成员签字。对于需要采购的物资，总务处严格进行程序的审批、询价等，保证物资的质量是最好的、价钱是最优惠的。学期末，幼儿园组织财务小组进行各项的下一年预算，财务管理规范、严谨。

十、示范辐射作用

以郑州市名师工作室"马玲幼儿教育工作室"和"第一园长工作室"和"百园扶百园"为示范辐射的平台，以一幼为基地，在教育体育局党委、幼教中心和师训科的领导下，对全市名师和第一园长工作室的54所幼儿园，开展了教研活动观摩、半日活动观摩、教育活动观摩、送课下乡、课堂活动展示交流、档案观摩交流、园长座谈会等活动，发挥了省级示范幼儿园的示范引领作用。

十一、用"爱"铺路——一路欢声笑语

一幼让"爱"满天下！——美丽幼教梦未来更美好。

"巍巍嵩山下，一幼是我家，爱的摇篮里有颗颗小幼芽，教师温柔又美丽，就像一位好妈妈。来吧，朋友！来吧，伙伴！今天你是一幼的好娃娃，明天你成栋梁让爱满天下！"这是一幼的园歌，也是一幼的教师、幼儿最喜欢唱的歌。

人生百年，立于幼学。我经常和教师谈论：作为成长的初始阶段，幼儿期的发展对幼儿的一生起着重要的作用。能在幼儿的童年，陪伴幼儿3年是我们每个人都值得珍惜的时光，这是多么让人喜悦、幸福、美好的事情！

在上级领导的正确引领下，在全体教师的共同努力下，我们荣获"河南省家长学校先进单位""郑州市教科研先进单位""郑州市校本课程先进单位"等荣誉称号。全体教师齐心合力、集思广益，重新整理与归纳了幼儿园的核心文化，修订了幼儿园的各项规章制度等，让我们的管理更加规范和精细。

这里，拥有一个美好的"爱"的磁场；这里，"以人为本，柔性管理、精细管理"，充满了管理中的"温暖关怀"；"精品幼教、示范幼教"正在不断地努力前行；三位一体、共同发展的共同愿景——让我们的家长、教师和幼儿一起"体验生活、分享快乐、健康成长"，行走在健康发展的路上；"讲正气、讲奉献，走内涵发展之路"，让幼儿园成为幼儿健康、快乐成长的乐园，

成为教师快乐工作、幸福生活的乐园，成为家长陪伴幼儿成长，追寻童年美好的乐园！"立德树人、用爱滋润，共享幸福教育""一幼让爱满天下"——这就是一幼人不断追求的美丽幼教梦！相信，有上级领导的正确引领和一幼人的不懈努力，美丽幼教梦，未来会更加美好。

参考文献：

［1］王枏.做"四有"好老师［M］.桂林：广西师范大学出版社，2015.

2016年10月10日

童蒙养正　携爱前行

走过36年的办园历程，一幼一直用专业精神在教育教学上奋进担当，把立德树人作为保教质量提升的根本，把童蒙养正作为幼儿全面发展的基础，扎实做好学前资助，用爱为和美宝贝插上梦想的翅膀！

一、立德树人，师德为先

要育童蒙养正的和美宝贝，必先有师德优良的师资团队。多年来，一幼始终坚持"以人为本、以德治园、精细管理、以文化人"的管理特色，将培训作为必修课，将实践作为育爱场，以文化养师德，引楷模进课堂，培养以"德"为本的新时代"四有"好教师。

1. 督查考核，制度保障

一幼通过一系列举措开展师德师风建设，不忘初心，立德树人。例如，成立师德师风工作领导机构，健全组织建设；建立师德建设长效机制，实行师德师风一票否决制度；健全师德奖惩制度，融制度建设于心；完善教师师德师风档案，将其作为评先表优的重要依据。

2. 真爱管理，厚爱老师

定期举办师德师风专题会议，强提高教师的思想认识；自主研发的"我爱我家"园本课程，充分体现了一幼和美教育核心文化思想；倡导真爱、厚爱的隐形管理，平等关爱不同岗位的教师群体。

3. 活动引领，多措并举

以读书静心——养师德之根，打造教职工书屋，丰富书目，定期组织读书交流活动，长期开展"好书推荐""读书分享""打卡阅读经典书籍"等活动，在幼儿园形成浓厚的读书氛围；以文化润心——铸师德之魂，将一幼"和美文化"贯穿幼儿园管理的各个方面，在实践中体现"和美文化"，"溪水心语"为教师灌溉精神力量，好文推荐为教师注入"师德营养"；以活动动心——激师德之情，一幼大力开展师德活动，如孝心故事分享、师德演讲、师德征文、讲好和美故事、优秀教育随笔展播等交流活动，通过书香班级、书香家庭、书香教师的建设，丰富教师的精神生活；以做事修心——共育和美宝贝，用爱心、耐心、细心和用心面对每一个幼儿，"雷锋宝宝"班的值周活动传递志愿精神，教师以身示范为幼儿良好习惯培养打下基础，以"德"养"德"是一幼教师毕生追求的目标。

二、童蒙养正，和美教师用专业赢得未来

幼儿教育阶段是基础教育的奠基阶段，更是人终生发展的奠基阶段。一直以来，一幼围绕幼儿园培养目标——知礼养正、尚武健体、启智爱家、全面发展，不断地发展和完善园本课程"我爱我家"课程体系，加强教师师资队伍建设，促进幼儿园内涵发展，以打造一所高品质的幼儿园。

1. 以学前教育的法律法规为依据，明确努力的方向

依法办园，依规办园。在工作中，我们深入学习领会《纲要》《规程》《指南》等纲领性文件，将文件中的标准和要求当作工作的红线和底线，它们是我园贯彻党和国家教育方针政策的领航灯，遵循幼儿身心发展规律，让我们的工作有据可依、有章可循。我们把理论性的知识转化为自己的教育思想和理念，落实在行动中，落实在每一个教育细节之中，牢固树立"幼儿一日皆生活教育"的大教育观。天下大事，必作于细，把幼儿园的育人目标，与幼儿一日生活紧密联系，做到目标明确、分层解读、有效实施。

2. 深入解读儿童，做个专业的幼教人

"幼儿园是教育机构，不是看护机构。"作为一名幼儿教师，我们不是保姆，只管看幼儿，而是应该做一名专业的幼儿教师，担负教育的责任，因此我们更多思考的是，怎样成为一名专业的幼儿教师，赢得社会和家长的尊重。我们通过园本教研、岗位练兵、专题培训、名师讲座，发挥同伴互助的力量，一同解读我们教育的对象——3~6岁的儿童。幼儿的身心发育的特点是什么？认知水平如何？理解幼儿、解读幼儿是幼儿教师核心专业素养，只有尊重儿童的发展规律和特点，才能顺利开展教育工作，园本教研有效的组织实施，既可以

提升教师专业发展，又可以提升园所的保教质量，营造良好的园所文化。

3. 开展丰富多彩的活动，促 "和美宝贝" 全面发展

我们开展丰富多彩的活动，旨在以活动为载体，为幼儿提供展示的平台，显现我园 "和美" 教育理念下幼儿的综合素质。每年六一儿童节时，幼儿园会举行全体幼儿参与的 "快乐运动健康童年" 体育特色展示活动和以 "我爱美丽家园" 为主题的美术成果展示活动。每年十月，幼儿园举行以班级为单位参加的 "爱祖国唱红歌" 活动，一曲曲动人的红色经典歌曲表达了幼儿对祖国妈妈最美好的祝愿。每年十一月，幼儿园开展 "小手拉大手，幸福向前走" 亲子运动会，不仅调动了幼儿参加体育运动的积极性，还增进了幼儿和家长之间的亲子关系，使他们感受了成长幸福和陪伴的快乐。幼儿园每学期都举行 "幼儿园最美童声" 歌唱比赛和 "运动小达人" "自理能力小大人" 的评比活动，给幼儿提供展示自我、获得自信的平台；每周的 "雷锋宝宝" 班的值周活动让当值的幼儿给全园的教师和幼儿做好服务，感受为他人提供帮助的快乐。每一天，班级里都会有礼貌小天使迎接家长和小朋友的到来。

在 "一幼让爱满天下" 清脆的歌声里，在 "老师妈妈" 暖暖的微笑里，在幼儿园吉祥物 "和和美美" 温暖的怀抱里，一幼的和美宝贝正在健康快乐、幸福成长！

三、学前资助，为幼儿插上梦想的翅膀

1. 国家资助，成就梦想

学前资助为学龄前幼儿插上梦想的翅膀！一幼一直把脱贫攻坚作为工作的重中之重，组织全园教职工每月一次培训，每月一次考试，使全体教职工对国家资助政策熟知于心。我们通过悬挂横幅、粘贴版面、大门口流动字幕、钉钉家长群进行资助政策宣传。我们利用接园时间给家长发放资助政策明白卡和困难学生资助申请表，大力宣传国家资助政策，家长可以通过各种形式充分了解和知晓国家资助政策，符合条件的家长能及时上报幼儿园进行申请。通过三级评审后，幼儿园将符合条件的幼儿上报至登封市教育局资助中心。

2. 幼儿虽小，梦想很大

对幼儿从小进行感恩教育，使他们了解国家资助政策，是一幼 "两节课" 进行的主题。教师通过图片、音乐等活动形式，给幼儿讲解国家资助政策，并

讲述一些通过国家资助考上大学的大哥哥、大姐姐成才后感恩国家、感恩社会的事迹，给幼儿幼小的心灵播种下感恩的种子，教育幼儿从小就懂得感恩，树立正确的人生观、价值观。

不忘幼教初心，携爱和美前行，和和美美做人，踏踏实实做事，善学、明辨、笃实，用爱心把"真善美"的种子播撒在幼儿幼小的心灵上，培养童蒙养正、德智体美劳全面发展的和美宝贝，一幼人将不负重托、不辱使命，为登封美好教育努力做好"培根"教育！

2020年9月6日

和美真爱 让一幼更美好

——郑州市第三期名校长培育办园思想探究

一、园所发展简介

（一）园所概况

一幼建园于1984年5月，位于登封市少林路南关街281号，占地面积3667平方米，建筑面积5865平方米，现拥有21个班级；教师105人，其中高级教师7人，中级教师36人，河南省级骨干教师10人，河南省名师6人，河南省优秀教师2人，河南省学术技术带头人7人，河南省教育专家1人，郑州市名师4人。幼儿园先后被评为河南省教育系统先进家长学校、河南省语言文字先进示范校、河南省教育系统2017—2019年度卓越家长学校、河南省家园共育先进学校、河南省食育试点幼儿园、全国足球特色幼儿园、郑州市教科研先进单位、郑州市课程建设先进单位、郑州市优秀园长工作室、郑州市师德师风先进学校、郑州市文明学校、郑州市教师发展学校首批试点单位、郑州市百园扶百园先进单位等。梅霞、袁丽娟、刘锴老师荣获河南省优质课教师、河南省幼儿教师模拟教学比赛一等奖；张方方老师主持的课题、设计的创造性游戏、组织的园本课程"少林小子"均荣获河南省一等奖；园长席颖霞主持的课题"我爱天地之中——美丽登封"园本课程研究成果，荣获河南省一等奖；王晓霞、张方方老师在郑州市幼儿园创造性游戏比赛中荣获一等奖；和占红、黑春霞老师在郑州市幼儿园保健人员、保育员技能比武中均获一等奖。

（二）园所发展历程

第一阶段：从无到有，逐步规范

1984年6月，建园，4个教学班。

1986年6月，10个教学班。

1989年3月，新建南教学楼。

第二阶段：规范管理，被评为郑州市六郊县首批县市级"省级示范性幼儿园"

1993年8月，15个教学班。

1994年7月，新建西教学楼，多功能音体室。

1994年8月，搬迁，修建幼儿伙房。

1997年，被郑州市教育局评为郑州市一级幼儿园。

2000年5月，被评为河南省示范性幼儿园。

倡导"三全三爱三服务"的办园理念。

第三阶段：尝试探索阶段

2001年8月，15个教学班。

2002年2月，以主题教学为主。

第四阶段：原址重建，现代化科学管理，提质增效，体操成绩凸显，园本课程初探，示范辐射，彰显优势

2003年6月，17个教学班。

2004年3月，引进多媒体教学设备。

2005年6月，参加国家级、省级、市级幼儿体操比赛，荣获团体金奖，自编操、圈操、徒手操、旗操等获一等奖、道德风尚奖等。

2005年5月，迎接省示范园复验。

2006年8月，伙房配置电蒸笼等现代化炊具。

2011年7月，在市委市政府和社会各界的关心支持下，原址重建。

2012年9月，新综合教学楼竣工，一所电子备课室、图书阅览室、多媒体活动室、保健室、标准伙房等功能齐全的现代化幼儿园展现在登封市民面前。

2011年12月，成立郑州市"马玲幼儿教育工作室"。

2012年1月，成立"郑州市第一园长工作室"。

2013年5月，入选郑州市首批教师发展学校试点单位。

第五阶段：和美真爱，以文化人阶段

2013年8月，21个教学班，105名教职员工。

2013年11月，与河南师范大学学前教育专家团队建立合作关系，引进先进的教育资源。

2014年，南教学楼进行整楼加固装修，南楼一、二楼4个教学班，三楼4个多功能室：图书阅览室、美术创意室、科学发现室、食育生活坊。

2011—2016年，构建幼儿园园本课程"我爱我家"，荣获郑州市校本课程建设先进单位。

2014年，原登封市园长工作室被评为"郑州市园长工作室"。

2017年3月，迎接国家三类城市语言文字工作评估验收。

2017年5月12日，顺利通过省级示范园复验。

2018年5月23日，迎接河南省语言文字规范化示范校创建检查验收。

2019年，被评为"郑州市文明单位"。

2020年10月9日，两所分园顺利开园；同时，负责市区8所民办学区园的管理。

2021年6月，有幸成为"郑州市领航园"，拥有了来自郑东新区、上街、巩义、中牟4所结对共建园。

37年办园历程，从无到有，从4个教学班到21个教学班，从10余名教师到100余名教师，从百余名幼儿到千余名幼儿，一园三址，现在一幼和15所幼儿园一起，共享优质资源，共谋协同发展之路。

二、办园思想及理念

（一）办园思想核心概念界定

和美真爱就是"三个三"，即三适合、三有益、三真爱。

"和美真爱"就是"三适合"，即"遵循幼儿的身心发展规律"，实施"适合幼儿的教育"；遵循"教师的岗位职责和专业成长规律"，提供"适合教师专业发展的平台"；传承并创新一幼发展精神，营造与时俱进，"适合幼儿园高质量内涵发展的园所文化"——"合=和"。

"和美真爱"就是"三有益"，即有益于幼儿良好习惯养成、身心健康成长，有益于教师专业发展，有益于一幼高质量内涵发展。

基于"三适合""三有益"，尊重规律、合道而行、科学施爱，就是"三真爱",即真爱孩子、真爱教师、真爱幼儿园——"真爱至美"。

（二）理论与实践基础

1. 理论基础

"和"的含义：①相安，协调。例如，和美、和睦、和谐、和声、和合、和衷共济。②平静。例如，温和、祥和、和平、和气、和悦、和煦、惠风和畅。

"美"的含义：①好，善。例如，美德、美学、美谈、审美、美丽、美容、美不胜收。②得意，高兴。例如，美滋滋的。③称赞，以为好。例如，赞美、美言、美誉。

"和美"的含义：和睦美满。例如，和美的家庭，即父慈子孝，夫妻恩爱，含饴弄孙，和和美美，其乐融融。《规程》中指出，幼儿园的任务就是促进幼儿和谐发展。2017年10月，在党的十九大报告中，社会主义现代化强国目标增加了"美丽"，进一步拓展为"富强民主文明和谐美丽"。《论语·子路篇》子曰："君子和而不同，小人同而不和。"《中庸》中记载："和也者，天下之达道也。""和"既是"合为一体"之意，又是和睦、和谐、和美之意。而"和睦""和谐""和美"，就是古人所谓的义与理。"和而不同"不仅是一种君子的为人处事之道，也是世界文化的发展之道。可以说，"和美"，融通着中学与西学，嫁接着传统与现代，兼收着科技与人文，体现为"和睦—和谐—和美"递进发展之归宿。

真爱的含义：尊重规律，合道而行，有利于其长远发展的爱；有原则的、科学的爱；不骄纵不溺爱，负责任的爱。

"和美真爱"是什么？"和"是内涵基础，"美"是表征显现；和是过程，美是结果。和美就是一切和于美，思想和行为都和于美。真爱是核心，是中轴，贯穿始终。

2. 实践基础

（1）一幼建园于1984年5月，是登封市建园最早、规模最大的公办幼儿园，坐落在儒、释、道三教荟萃的嵩山脚下，有着深厚的嵩山生态文化底蕴。2000年，一幼被评为河南省示范性幼儿园，是郑州市六郊县最早被评上的一所县市级幼儿园。一幼的成长凝聚着历任园长和主体教职工的集体智慧和无私的大爱精神，怎样传承一幼"爱"的园所文化，与时俱进，与新时代同发展，是摆在我们面前的新课题。

（2）"和美真爱"的通俗阐释。

为了让教师更好地理解"和美真爱"文化内涵，我们又进行了多次研讨，以免理解偏颇，方向有误。通俗性的阐述更能让教师内化于心，外化于行，规范言行，达成共识。

孝敬父母、尊重师长是和美，积极锻炼、身康体健是和美，懂得感恩、心情愉悦是和美，心态平和、与人为善是和美……

理解了和美，就会时时处处让自己的言行"和与美"；理解了真爱，就会自觉守规矩、严律己，科学施爱；……你美我美，美美与共，各美其美；人人和美，大家和美，社会和美，国家和美！

（3）"和美真爱"的执行要求。

稳，准，坚定，快速；外柔内刚，温柔而坚定；稳是原则，准是目标，坚定是执行，快速是生命。

3. 办园思想凝练的过程

（1）理论探究阶段：2017年9月—2018年1月。

多方查阅文献，升华已有经验，建构新的理论体系。

（2）形成初稿阶段：2018年1—12月。

对全体教师开展问卷调查，征求教师的意见建议；领导组成员多次研讨，凝练教育思想，形成初稿。

（3）专家指导阶段：2019年1—3月。

请登封资深校长、教育局领导、退休园长指导初稿。

（4）尝试实践阶段：2019年3—8月。

（5）动态管理，与时俱进：2019年9月—2021年3月。

随着国家对"劳动"教育的重视，我们也越来越感觉到在幼儿园教育过程中"劳动"必不可少——勤劳化美增加在幼儿园培养目标之中。"劳动"在幼儿园阶段，体现更多的是"生活自理能力"的提升和"做力所能及的家务、班务"，家务、班务劳动就是解决日常家庭、班级中遇到的各种实际问题，幼儿会在劳动过程中对各种事物产生好奇心，提出各种问题，这种好奇心和探究欲望能够促使幼儿思考、学习，幼儿的成长需要"劳动"。

作为幼儿的乐园，幼儿园不能没有幼儿喜欢的吉祥物，我们以园标中的

"鸽子"形象为基础，诞生了"和和""美美"——两个活泼可爱的吉祥物，它们在校园的位置处于幼儿最喜欢的大型游乐场门口，时刻陪伴着游戏中的幼儿；做成毛绒玩具的"和和""美美"是幼儿活动中最期待、最心仪的奖品！

（6）再次请专家指导：2021年3—6月。

在做中，一步步和思想结合，验证思想的可行性。随着登封幼教日新月异的发展，教师团队动态管理成为新常态，我们越来越有这样的感觉："和美"一词让人觉得"柔性"的内容多了一些，特别是在管理过程中，它对制度执行的坚持性和原则性提出了挑战，后经河南大学科学教育学院学前教育系教授岳亚平对办园思想和实践问题的梳理与指导，我们去伪存真，在以实践需求为前提的思考中，领导组成员和教师又一次研讨、审视我们的教育理念，把"和美"一词调整为"和美真爱"的表述，凸显刚柔并济的管理理念，为目前乃至今后幼儿园的发展指明了方向。

（7）我园"和美三级课程"也在根据实践需要不断地调整与完善。

（三）办园思想体系的解读

1. 培养目标

知礼养正——德，即从小养正气，养成诚实、自信、友爱、勇敢、勤学、好问、爱护公物、克服困难、讲礼貌、守纪律、懂感恩、善交往、乐分享、善良正直的品格。

启智爱家——智，即启发、引导幼儿在生活和游戏中、在五大领域中学习各项本领；爱家庭（人、事、物）有孝心；爱幼儿园（人、事、物）有爱心，乐助人；爱家乡，了解家乡，热爱家乡，为爱祖国打下良好基础。

尚武健体——体，一幼的幼儿作为武术之乡的接班人，崇尚武术，学习武术，强身健体，勇敢坚强、不怕困难的武术精神从小熏陶，做到饮食不挑拣、锻炼有耐力，不娇气、不任性，从小培育积极自信、耐挫顽强的素养。

和乐至美——美，和谐快乐的"和美宝贝"是最美的，习惯好、行为好、有强烈的好奇心、有丰富的想象力、能投入地游戏和活动的幼儿是最美的！

勤劳化美——劳，在保障安全的前提下，自我服务、自主决定、独立做事，勤劳能干的幼儿人见人爱！

2. 办园宗旨

以法办园、以规办园、和美治园，追求和和美美做人、踏踏实实做事。

3. 园风：和衷尚美，至真至诚

和衷是《尚书》中对合作的定义，意思是和睦同心，共赢未来。一幼的教师和颜悦色，以"予人玫瑰、手有余香"的理念成人成己，以最真、最诚的心态共同学习、共同生活、共同进步。和颜悦色是最好的教养。

4. 学风：和乐思进，臻于至美

爱因斯坦说："兴趣是最好的教师。"和谐快乐的学习有助于培养幼儿的兴致。以兴趣引导幼儿善思、善学，以体验和自主探究引导幼儿学会合作、分享、交流，在生活、游戏、活动中，培养德、智、体、美、劳全面发展的"和美宝贝"。

5. 教风：寓教于乐，笃行至美

古罗马文学家贺拉斯认为："寓教于乐，既劝谕又让人喜爱，才能不负众望。"一幼教师在厚德、爱幼、博学、善思的同时，让幼儿在游戏中学习、在生活中成长；一幼教师笃行教育方针，面向全体幼儿，热爱幼儿，促进幼儿身心和谐发展，成就最美的自己。

6. 其他

（1）园训（理念）：和美一幼，真爱同行。

冰心说："美的真谛在和谐。"我们通过营造和谐美丽、自然生态的育人环境，追求"和美真爱"来弘扬爱、传递爱，精心呵护幼儿、用心培育幼儿，在不断优化内部管理的同时，通过各种活动成人之美，发挥省示范幼儿园的辐射引领作用，促进全市幼教事业的和谐均衡发展。

（2）园标：和美之歌（鸽）。

鸽子是和平、友谊、团结、圣洁的象征。以和平鸽的形象象征一幼和睦的师幼、和悦的教师、和谐的家园，以叶子和丝带为元素，以一幼的拼音首个字母YY为造型，创意出鸽子引吭欢歌的形象，展现积极向上、和和美美的一幼文化。

用两片蓝绿叶子既做翅膀，又代表幼儿在教师的肩膀上学习、飞翔，在教师呵护下快乐成长；红色代表活力，绿色代表生命，蓝色代表自由，三种颜色和谐共生，浑然一体；胖嘟嘟的鸽子造型，至纯可爱，圆融美满，如下图所示。

和美之歌（鸽）

（3）园歌：《一幼让爱满天下》。

（4）办园目标：和谐、美好、求精、创新。

（5）追求愿景：愿我们的教师、幼儿和家长一起体验生活、分享快乐，和美成长！

（6）幼儿园发展方向——和美一幼　真爱同行。

真爱幼儿——培养和乐至美的和美宝贝。

真爱教师——发展和衷尚美的和美教师。

真爱幼儿园——追求和美教育（校园环境和谐美丽，保育保健健康和美，教育教学笃行至美，家园工作和谐美满，示范辐射和美前行）。

三、课程体系

"和美一幼　真爱同行"三级和美课程建设体系见下表。

"和美一幼　真爱同行"三级和美课程建设体系

登封市直属第一幼儿园					
育人目标	培养德、智、体、美、劳全面发展的和美宝贝（总课程——一日生活皆课程）				备注
办学特色	尚武健体　和美成长				
具体目标	童蒙养正	启智爱家	尚武健体	和乐至美	勤劳化美
国家课程	纲领性文件《规程》《纲要》《指南》等（体现在总课程）				体现在幼儿一日生活各个环节之中
基础课程	选用江苏卓越课程，以五大领域分科教学为主（约占总课程的10%）				以集体教育活动为主

续 表

登封市直属第一幼儿园					
园本课程（约占集体教育活动的10%）	品德教育渗透于幼儿一日生活之中	登封的风景名胜、人文景观、嵩山文化等	少林武术	用美术、音乐等艺术形式表现美丽登封——家乡美	"雷锋宝宝"班值周、值日生、大帮小、食育种植等活动	"我爱我家"的显性课程通过6个主题显现
	6个主题： 看——风景名胜； 练——少林武术； 吃——登封小吃； 赏——嵩山文化； 玩——民间游戏； 知——农作物				
三级课程和美融合，共同培养德、智、体、美、劳全面发展的和美宝贝					

（一）组织建立

和美一幼 真爱同行"我爱我家"园本课程建设审议小组及分工明细表（由业务领导、保教主任、教研组长、班主任组成）。

（二）需求评估

幼儿园的国家课程是纲领性的文件《规程》《纲要》《指南》等；选用江苏卓越课程，以五大领域分科教学为主，南方课程中有一部分内容脱离幼儿的生活，教师也缺乏这方面的经验积累，酌情删减卓越课程内容，依据本园和师幼的实际需求，增加园本课程内容。分析登封地域特点——"儒释道三教荟萃，嵩山文化历史建筑群、国家旅游名城"，结合我园的培养目标也是我们的教育哲学——知礼养正、启智爱家、尚武健体、和乐至美、勤劳化美，培养德、智、体、美、劳全面发展的"和美宝贝"。幼儿园优化整合课程结构，以基础课程（集体教育活动）为主，约占总课程（幼儿一日生活）的10%，将园本课程融于基础课程之中，约占基础课程的10%，更好地把幼儿园周围的地域文化融入幼儿园课程，体现课程的多元化和本土化，通过有效整合登封嵩山文化资源，积极开发园本课程"我爱我家"。

园本课程"我爱我家"分两部分：一部分渗透幼儿一日生活和游戏的各环节教育，主要通过"一日活动常规培养、值日生、礼貌小天使、食育教育、种植饲养、'雷锋宝宝'班值周、每班轮流主持升旗仪式"等活动，达成"知礼养正、勤劳化美"的目标，以爱家庭、爱幼儿园为主题，通过"隐性课程"的形式呈现；另一部分是6个主题的集体教育活动，内容是爱家乡，通过"显性课程"的形式呈现。园本课程属于较适合我园师幼发展需求和本地地域特征，具有时代性的课程新编。下文以"显性课程"为主加以表述。

（三）目标拟定

1. 课程目标的依据

2016年3月1日施行的《规程》中的幼儿园任务：贯彻国家的教育方针，遵循保育与教育相结合的原则，结合幼儿身心发展特点和规律，实施德、智、体、美等方面全面发展的教育，促进幼儿身心和谐发展。《纲要》中阐述了幼儿园的根本任务：为幼儿一生的发展打好基础。此外，我国教育家陶行知先生提出了"生活即教育"的教育理论。

2. "我爱我家"园本课程目标

根据上级文件并结合我园实际发展现状和地域特点，培养目标为知礼养正、启智爱家、尚武健体、和乐至美、勤劳化美。围绕培养目标确定课程总目标：培养德、智、体、美、劳全面发展的"和美宝贝"。

（1）以幼儿发展为本，结合幼儿的年龄特点与生活经验，在丰富幼儿经历与感受的基础上，通过丰富多样的游戏和活动，通过"看、练、吃、赏、玩、知"等形式，提高幼儿对家乡历史古迹、风景名胜、少林武术、家乡特产、自然资源等的认识，激发幼儿爱家乡、爱祖国的积极情感。

（2）增强幼儿园教师的课程意识，注重学习—实践—反思—实践—总结的过程性研究，全面提升教师挖掘园本课程资源并将其渗透于课程实施过程的能力，形成具有本园特色的课程内容体系。

（3）丰富课程资源，建立教师、幼儿、家长三位一体的课程建设模式，家园密切合作，实现教师、幼儿、家长与课程共同发展、共同成长。

幼儿发展的具体目标：初步了解家乡的风景名胜、土特产、少林武术等历史文化遗产，萌发热爱家乡的情感；增进积极的社会性情感，丰富社会生活经验，促进交往能力的发展；亲近自然，接触社会，初步了解人与环境的依存关系，有认识和探索的兴趣；在接触、体验、感受嵩山文化的过程中，能发现和感受生活中的美，萌发审美情趣；积极地尝试运用语言及非语言方式表达和表现生活，具有一定的想象能力、创造能力以及对美的感受能力和表现能力。

（四）方案编制

园本课程委员会（审议小组成员、主题组长、骨干教师）认真学习"课程规划方案的内容要求"，结合幼儿园课程开展情况，认真进行"我爱我家"园本课程的方案制订，从"愿景与使命、目标与结构、国家课程实施与评价、综合实践活动课程实施与评价、校本课程研发与实施、组织机构与保障制度"六个方面，通过顶层设计、整体规划，从课程方案的编排到落实，确保理想的课程真正实现，让全园幼儿体验课程，让课程有益于幼儿，成就于教师和幼儿园。课程开发以幼儿为本，从幼儿自身出发，分析幼儿"爱"的历程："爱"要从身边的亲人开始，从家庭出发，到幼儿最初走入的小社会——幼儿园，再到接触教师与其他幼儿，逐渐和周围的人、事、物发生关系，产生情感。课程中的"爱"，应以幼儿为中心，由近及远、由小到大、由少到多。我们由此开展课程顶层设计：爱家庭—爱幼儿园—爱家乡，然后拟定主题和主要课程内容的分类，建立课程网络图，按照主题规划，进行教育活动设计（游戏设计）—案例（游戏）研讨、实施—反思调整—完善案例—经验推广。

在"我爱我家"这个大的主题下，我们重点开发第三点"爱家乡"，教师应充分挖掘本乡本土的课程资源，如风景名胜、登封小吃、农作物等，自行设计教学活动，引导幼儿感受家乡的美丽和发展，激发幼儿爱家乡的情感。同时，教师应结合幼儿的年龄特点，注重幼儿观察、探究、动手、想象等各种能力的培养和提高。在集中选定课程的基础上，我们按照"让每一个教师自主发展"的课程理念，鼓励教师根据个人特长和幼儿兴趣，确立适合本年级或本班级的特色课程，并将其安排在周计划之中，一般情况下安排在周五上午（一节教育活动），中大班一周一节，小班两周一节，特殊的节日除外。

（五）课程实施

整个课程的实施，以教研组为阵地，在课程审议小组顶层设计的基础上，学期初制订教学计划，根据每月主题，安排一周一节的"园本教育活动"，集体提前备课，按计划灵活开展实施，活动后及时反思，如需调整内容，向教研组组长汇报，组长根据具体情况适时调整，以保障课程的顺利开展。

1. 制定课程管理细则

为了保证园本课程开发的有效性，幼儿园制定了一系列课程管理细则，确定园本课程开发审议小组成员，明确各自职责。小组成员由园级领导、中层干部、教师代表三个层面组成，由各自负责的研究小组选拔。教研组组长每月末向业务园长汇报园本课程实施动态和存在的问题，以及针对问题采取相应的措施。园长针对各年级组的园本课程实践研究过程进行随机督导。各年级组采用资料收集制，对实践研究过程中所产生的资料及时收集，在每月交流时提交各类资料。

2. 统筹安排，制订计划

以中班上学期为例，我们设计了五大领域七个学科的活动安排。

3. 环创创设

《纲要》中明确规定"幼儿园应为幼儿提供健康、丰富的生活和活动环境，满足他们多方面发展的需要，使他们在快乐的童年生活中获得有益于身心发展的经验""环境是重要的教育资源，应通过环境的创设和利用，有效地促进幼儿的发展"，充分发挥环境"隐性教育"的作用。我们利用大厅、走廊和各个班级的主题墙、互动墙进行富有特色的主题布置。每月一主题，大主题下有相关的小主题。主题墙的布置工作让幼儿也参与进来，大大激发了幼儿学习的欲望。

4. 有效利用家长资源

《纲要》指出："家庭是幼儿园重要的合作伙伴。应本着尊重、平等、合作的原则，争取家长的理解、支持和主动参与，并积极支持、帮助家长提高教育能力。"家长资源是幼儿园有效教育资源的来源之一。我园绝大多数家长为土生土长的登封市周边居民，对本地域的特点了如指掌。因此，我们在园本课程的实施过程中会通过家长助教的形式对幼儿进行园本教育。

（六）评价与修订

1. 评价

（1）对幼儿的评价。

对幼儿发展评价的依据主要是主题活动实施效果和本班幼儿的阶段目标，同时，注重幼儿活动过程中的评价。

具体措施：采用观察法和文本记录法，以"幼儿成长档案""每月主题实施内容自评""每学期幼儿发展评估"等形式呈现。

（2）对教师的评价。

对教师发展从环境创设、设计组织教育教学活动、师幼互动、反思分析、教师自主发展等方面进行自评、互评和园评。

具体措施：周计划的制订、听课记录、教研活动记录、园本课程优质课评比、园本课程活动反思、教师成长档案等。

（3）以课题开展的形式进行评价。

课程研究小组以"园本课程"为课题研究，引领全园教师对园本课程进一步探索，推进课程的深入开展。

（4）邀请专家对课题进行评价。

幼儿园利用"郑州市发展学校"这一平台，定期邀请河南大学专家来园针对课程实施过程和效果进行全方位指导、评估。

2. 修订

（1）课程网络图发展中的修订。

"课程生长树"—"我爱我家"，网络图更具全面性和整体性。

（2）课程题目发展中的修订。

《幼儿园园本课程研究》—《我爱天地之中美丽登封》—"我爱我家"，语言描述更加具体，更能体现幼儿园的特点，平实、温暖、朴素、温馨、亲切。

（七）取得成效

杨艳娜老师的《我园利用本土资源开展，园本课程的途径与方法》荣获郑州市一等奖；2016年1月，梅霞、崔改苗等老师设计的课程《我爱我家——少林武术园本课程》被郑州市教育局评为"一等奖"。

2013年11月，我园的《依托登封旅游文化，建构一幼园本课程》在郑州市教研室组织的"郑州市幼儿园园本特色课程建设"交流会上分享，受到与会专家和园长的一致好评。

2014年10月，在登封市教育教学工作会议幼教分会场，由我园汇报交流的《依托登封地域资源，建构一幼园本课程》，在全市幼教段园本课程构建方面起到了一定的示范引领作用。

2018年，园本课程研究成果荣获河南省一等奖。

2020年，和美课程《依托登封地域资源，研发我爱我家和美课程》《尚武健体促幼儿健康发展》先后在郑州市教研室会、省培班上交流；曾多次接待来自云南国培园长、骨干教师访名园浸润式培训班、广州国培班来园参观、学习课程建设，并受到外省园长、骨干教师的一致好评。

郑州教育电视台——科研攻略"聚焦教科研"。登封市直属第一幼儿园"我爱我家"园本课程研发的专题采访播报——走进这所有"爱"的幼儿园！

在园本课程开发的途中，我们一直在努力地探寻"教育的根本"，随着课程的逐步深入，我们越来越注重在幼儿阶段对幼儿开展"爱的教育"就是"根本"的教育，就是"根"的教育，就是做人的基础教育。只有把"真爱之心"往下扎根，才能向上茁壮成长，繁花似锦、硕果累累的景象才能实现！

四、实施路径

"做法"支撑和成就着"想法"，离开了"做法"，再好的"想法"都是空中楼阁！以下以"六和至美"介绍实施路径。

（一）园所环境——和谐美丽

自然、童趣、包容、优美。

凸显一处一景，人美景美，人景交融，和谐共生。

环境的创设融入"童真童趣、和谐美丽"的理念。"爱之泉"水系，从"鹦鹉螺"出发，把园内魔方喷泉，梦幻迷宫，舞台、游乐、沙池三用的幼教航母，戏水池，参天大树，彩虹瀑布，综合大型玩具，立体树屋，攀爬岛，等等，连成一体，成为"和美游乐园"，为幼儿增添了无限乐趣，让幼儿在游戏中锻炼了体能，收获了快乐。今年暑假将完成的"快乐涂鸦墙""和美小树林""神秘山洞""绿植文化墙"等，融入了"野趣、自然、生态、绿色"等元素，立体创意、生机盎然、妙趣横生。

全塑胶化的地面和一楼两个敞开式的室内大厅为幼儿在室外活动创设了舒适、宽敞和美的空间，置身于园中，如同走进美丽的童话世界。

在功能室方面，幼儿食育工坊、美术创意室、幼儿书吧、科学发现室等合理分布，完美互补，为幼儿的成长营造出和悦的成长氛围。

（二）真爱管理——和美教育

遵循"三适合"原则，实施"三真爱"，追求"三有益"的"和美真爱"

教育。

（三）和美教师——和衷尚美

厚德、爱幼、博学、善思。

凸显：以制度为基，以师德为底，保教并重，规范实施，分层管理，多元帮教，课程核心，课题导向，民主管理，服务保障。

民主决策、公开透明、和美真爱等管理，让教师有了主人翁的工作态度，有助于教师将其思想和行为融入和美一幼的大家庭。园荣俱荣，我爱一幼，一幼因此更和美！

（四）和美宝贝——和乐至美

身体好，习惯好，养正气品行好；爱劳动能自理，爱游戏乐创造，懂感恩善分享。

（五）家园共育——和谐美满

利益互惠、沟通互信、优势互补、活动互助。

在这个充满爱的大家庭，幼儿园通过与家长签订《家长爱心承诺书》达成共识，成立家长委员会，让家长参与幼儿园管理，举行家长开放日，家长亲子运动会，评选书香家庭、优秀家长等活动，形成尊重理解、支持参与、和谐美满的家园关系。

学校坚持把"给幼儿适宜的爱"的理念传递给家长，主要形式有园长主持召开的新学期家长会、每周五下午分年级轮流开展的"一幼幸福家园讲座"和"和美一幼 幸福家园"微信平台等。幼儿园定期邀请家长入园品鉴幼儿伙食、观看特色展示、观摩幼儿素质汇报；组织教师家访，利用接送园沟通交流；充分利用家长的优质资源，邀请家长"助教"、做义工，组织家长之间开展"谈家风家训、说家教"分享活动；同时，利用钉钉、短信完成亲密联系，促进家园共同学习，凝聚教育合力，分享幼儿的童年生活。和美家园，和谐美满，携手共促幼儿健康、快乐成长。

（六）示范辐射——和美同行

构建学习发展共同体，共享优质资源，互学互助，共同进步。

美的真谛在和谐，一枝独秀固然美，百花齐放更是春。近年来，我们借助"郑州市名师工作室""百园扶百园""学区园管理""领航园结对共建"等平台，积极面向全市名师和幼儿园，开展专家讲座、送课下乡等活动，发挥省级示范性幼儿园的辐射引领作用。工作室先后有百余人次到全国各地聆听知名专家讲座，通过主持人指导、名师半日活动展示、交流活动方案、亲子运动会观摩、家长开放日活动观摩、户外体育特色展示、欢庆六一活动观摩、区域游戏活动观摩、艺术节活动观摩、制度交流、活动视频分享等形式的各种活动，形成学习发展共同体，达到互学互助、资源共享、共同提高的目的。几年来，一幼在本地区开展的各项引领培训多达5000余人次，示范辐射，和美同行。

我园的和美教师团队，不仅在幼儿园踏踏实实工作，也是我们登封市幼教的师资培训专家。例如，席颖霞老师、许红勤老师、梅霞老师、张方方老师、和占红老师在我市各项培训会上开展专题讲座，引领全市教师共同成长。

结语：

> 和美为标，真爱为轴——
>
> 爱的历程厚根基，铸就教育底色
>
> 办园思想为灵魂，传承创新美好
>
> 和美课程为核心，点化教育智慧
>
> 真爱管理为途径，成就教育梦想

近年来，我们在"和美真爱"的引领下，各方面取得了长足发展，深切地体会到以文化人、和美奋进的文化魅力。

"和美真爱"是我们的初心追求，它虽不是专属我园的、唯一的、最新颖的提法，但它是我园在最开始的时候，从内心萌发的核心文化追求。之后，在周边学校了解和网上查询，了解到其他学校也有类似的提法，我想，一幼的和美真爱是不同于其他学校的，它是一幼"爱"教育的升华，根在登封，深受嵩山文化的润泽，向阳生长！如何与时俱进，在实践中不断完善其思想内涵，不断创新实践行为，我们还需要向专家请教，需要研究当代美学，需要不断地探索实践，以提高一幼"和美真爱"教育的学术地位，彰显文化魅力。

让"和美真爱"——根植于心，笃实于行；文化引领，笃行和美。我们通过学习研讨、背诵考试等形式，不断研发完善、优化融合"和美三级课程"，且行且思，让文化浸润心灵，养成习惯，成就最好、成就最美。

"和美一幼　真爱同行"，我们已经感受到了这一文化的温暖，感受到了这一文化的力量！我们用真爱走在和美之路上，路上洒满了辛勤的汗水、育人的智慧；路上爱意浓浓、风景旖旎；路上有幼儿的欢声笑语和师幼成长的足迹；一路走来，我们收获满满，幸福成长！

"立德树人、真爱滋润，共享和美教育""一幼让爱满天下"——这就是一幼人不断追寻的和美幼教梦！相信在各级领导的正确引领和一幼人的不懈努力下，"和美真爱"幼教梦的未来会更加美好！

2021年8月10日

下 篇

"我爱我家" 园本课程

　　和美教师团队潜心研究，不断地从周围生活、登封优质资源中发现爱家乡的教育契机与教育素材，预设或根据幼儿的兴趣特点生成了108个教育案例，这些案例既凝聚着教师的智慧精华，也体现了家长积极参与的痕迹，每一个教育案例都像一束光，温暖着、点亮着"和美宝贝"爱家乡的美好情感，我们希望这束温暖的爱之光也能照亮幼儿今后的幸福人生之路！

"我爱我家"园本课程规划方案

一、愿景与使命

（一）课程历史

我园建园于1984年，已有37年的办园历史，幼儿园课程由开园时的分科教学（1984—2001年），包括体育、语言、常识、计算、音乐、美术6个学科，到后来两年的整合主题活动课程，再到现在的"五大领域七个学科"，健康（生活健康、体育）、语言、社会、科学（数学、科学）、艺术（美术、音乐），食育和劳动也融入幼儿的一日生活和游戏。随着课程的不断发展，教师逐渐树立了"一日生活皆课程"的课程理念。

（二）文化内涵的传承

我园是登封市建园最早、规模最大的公办幼儿园，坐落在儒释道三教荟萃天地之中的嵩山脚下。一幼传承"爱"的园所文化，经过8年（2013年至今）的集思广益、思想酝酿、反复研判、专家指导，总结凝练出了"和美真爱"的园所文化。

和美真爱就是"三个三"，即"三适合""三有益""三真爱"。具体解释同前文《和美真爱让一幼更美好》。

在和美真爱文化下，幼儿园的共同愿景是"三位一体，共同发展"，愿我们的教师、家长和幼儿一起体验生活、分享快乐、和美成长！

（三）对课程需求分析

我园选用的基础课程是南京师范大学的"渗透课程"和"卓越课程"，课程的观念及其逻辑是在借鉴现代儿童观和儿童学习理论等相关理论的基础上形成的。这两套课程都比较适合南方幼儿园，部分内容不太适合我们北方幼儿园课程的需求，因此课程实施出现了一些问题。问题是课程研究的原点和起点，我园地处城乡接合部，国家旅游城市之中，但幼儿对田地里的蔬菜、农作物大多不认识，分不清"麦苗和韭菜"；对登封著名的旅游景点不能讲清楚，在课程内容方面缺乏对幼儿生活环境中优质资源的有效开发与应用。针对存在的问题，我们找准课程需求点，探寻课程研发以解决存在问题的切入点，开启了我们的园本课程研发之路。

（四）课程研发的初心

源于对《纲要》《指南》精神的落实，以及对幼儿全面健康和谐发展的需求，依托地域资源优势，丰富课程框架内容，研发适合幼儿发展的园本课程，有意识、有计划地向幼儿实施"爱家乡"的教育，为幼儿的终身发展播撒"爱"的种子，做好"培根"教育；在课程研发和解决问题的过程中，提升教师的课程研发能力，最终提高幼儿园教育教学水平，提升幼儿园内涵发展，这就是我们园本课程研发的初心所在。

（五）课程升级版研发的使命

幼儿园课程是园所发展的核心，我园在2017年接受省示范园复验时，专家学者对我园在园本课程研发方面的努力表示了充分的肯定，河南大学岳亚平教授带领教育科学学院的专家团队、郑州市市教研室刘子涓老师对我园的园本课程提出了宝贵的建设性建议。鉴于此，我们在2016年已经成型的课程汇编基础上与时俱进，在我园的和美真爱理念下，再一次升级改编，吸纳专家意见，完善课程体系，提振了教师研发园本课程的自信心和使命感。

（六）课程发展方向

通过多元化的学习培训途径，各种专业书籍、有关六美登封（山之美、水之美、文之美、城之美、乡之美、业之美）的文献资料，教师树立了正确的"课程观"——幼儿园课程是教育者围绕幼儿的发展而组织的，以帮助幼儿获得有意义的学习经验，能够积极地促进幼儿发展的综合活动。幼儿园课程应该围绕幼儿和幼儿的活动开展，为幼儿的发展服务。具体应该体现为：以幼儿为中心、以活动为中心、以经验为中心，真正站在幼儿的立场，着眼于幼儿的发展，将教育行为真正落实在了解幼儿基础之上。根据上级纲领性文件并结合我园实际发展现状和地域特点，确立我园的培养目标，这也是我们的教育哲学和课程发展方向：培养知礼养正、启智爱家、尚武健体、和乐至美、勤劳化美，德、智、体、美、劳全面发展的"和美宝贝"。

基于以上，我园在"和美真爱"园所文化的教育理念下，积极研发来自幼儿现实生活的优质资源环境——依托登封地域资源，把"三真爱"贯穿始终的"爱家乡"教育——"我爱我家"融入幼儿一日生活，遵循"三适合"，达到"三有益"，科学合理地安排幼儿的集体教育活动，促使幼儿园保教的高质量内涵发展。

二、目标与结构

（一）目标依据及目标的确立

1. 课程目标的依据

《规程》中的幼儿园任务；《纲要》指出，城乡各类幼儿园都应从实际出发，因地制宜地实施素质教育。

2. 课程总目标

（1）通过丰富多样的教学活动，提高幼儿对家乡历史古迹、风景名胜、家乡特产、自然资源等的认识，激发幼儿爱家乡、爱祖国的积极情感。

（2）增强幼儿园教师的课程意识，注重学习—实践—反思—实践—总结的过程性研究，全面提升教师挖掘园本课程资源并将其渗透于课程实施过程的能力，建立具有本园特色的课程内容体系。

（3）丰富课程资源，形成教师、幼儿、家长三位一体的课程建设模式，家园密切合作，实现教师、幼儿、家长与课程共同发展、共同成长。

3. 具体目标

（1）初步了解六美登封，知晓家乡名胜古迹、土特产、少林武术等历史文化遗产，萌发热爱家乡、热爱祖国的情感。

（2）增进积极的社会性情感，丰富社会生活经验，促进交往、合作、分享能力的发展。

（3）亲近自然，接触社会，初步了解人与环境的依存关系，有认识和探索的兴趣。

（4）初步接触登封儒释道三教荟萃多元文化，能发现和感受生活中的美，萌发审美情趣。

（5）积极地尝试运用语言及非语言方式表达或表现生活，具有一定的想象能力和创造能力。

（二）课程结构

我园的基础课程选用"渗透课程"和"卓越课程"中适宜我园园情、师情和学情的内容，包括五大领域七个学科的集体教育活动。园本课程是依托地域旅游资源构建的"我爱我家"原创课程，该课程分两部分：一部分把品德教育习惯养成渗透到幼儿一日生活和游戏的各环节教育之中，通过"隐性课程"的形式呈现；另一部分是6个主题的集体教育活动，通过"显性课程"的形式呈现，属于较适合我园师幼发展需求和凸显本地地域特征，体现环境育人，具有时代性的课程新编。

课程研发以幼儿为本，从"看、练、吃、赏、玩、知"六方面建立课程网络图，按照主题规划，进行教育活动设计（游戏设计）—案例（游戏）研讨、实施—反思调整—完善案例—经验推广。

"我爱我家"课程研发主题网络图，如下图所示。

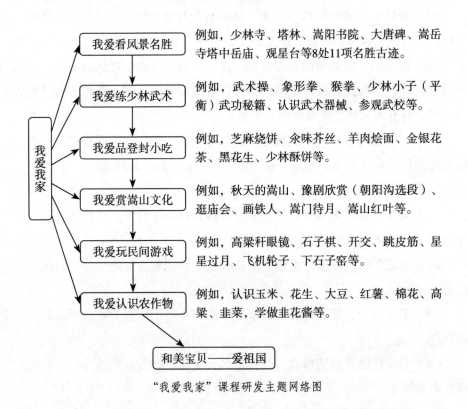

<table>
<tr><td>我爱看风景名胜</td><td>例如，少林寺、塔林、嵩阳书院、大唐碑、嵩岳寺塔中岳庙、观星台等8处11项名胜古迹。</td></tr>
<tr><td>我爱练少林武术</td><td>例如，武术操、象形拳、猴拳、少林小子（平衡）武功秘籍、认识武术器械、参观武校等。</td></tr>
<tr><td>我爱品登封小吃</td><td>例如，芝麻烧饼、佘味芥丝、羊肉烩面、金银花茶、黑花生、少林酥饼等。</td></tr>
<tr><td>我爱赏嵩山文化</td><td>例如，秋天的嵩山、豫剧欣赏（朝阳沟选段）、逛庙会、画铁人、嵩门待月、嵩山红叶等。</td></tr>
<tr><td>我爱玩民间游戏</td><td>例如，高粱秆眼镜、石子棋、开交、跳皮筋、星星过月、飞机轮子、下石子窑等。</td></tr>
<tr><td>我爱认识农作物</td><td>例如，认识玉米、花生、大豆、红薯、棉花、高粱、韭菜，学做韭花酱等。</td></tr>
</table>

和美宝贝——爱祖国

"我爱我家"课程研发主题网络图

"我爱我家"课程研发目标结构表见下表。

"我爱我家"课程研发目标结构表

登封市直属第一幼儿园						
育人目标	德、智、体、美、劳全面发展的和美宝贝					备注
办学特色	全面发展和美成长					
具体目标	童蒙养正	启智爱家	尚武健体	和乐至美	勤劳化美	
我爱我家	品德教育渗透到幼儿一日生活（升旗、"雷锋宝宝"班值周等活动）及各主题活动之中	登封的风景名胜、人文景观、嵩山文化等	少林武术	用美术、音乐等艺术形式表现美丽登封——家乡美	值日生、大帮小、食育种植等劳动活动	"我爱我家"的显性课程通过6个主题显现
	看—风景名胜；练—少林武术；吃—登封小吃；赏—嵩山文化；玩—民间游戏；知—农作物					
园本课程凸显"以幼为本、师幼和美、幼幼和美、幼家和美、人文和美、人与自然和美、人与社会和美"各主题和美融合，共同培养德、智、体、美、劳全面发展的和美宝贝						

三、课程实施与评价

课程按《指南》要求，以为幼儿后继学习和终身发展奠定良好素质基础为目标，从健康、语言、社会、科学、艺术五大领域实施，实施时关注幼儿学习与发展的整体性，尊重幼儿发展的个体差异，理解幼儿学习方式和特点，重视幼儿的学习品质。特别需要说明的是，因为地域资源和幼儿年龄发展的特点，研发的六大主题在五大领域分布方面还不是太均衡。我们的主旨是，顺势而为，尊重规律，适时研发，给幼儿适宜的教育。

（一）"我爱我家"园本课程的具体实施

以"我爱'练'少林武术"这一主题课程纲要为例（见下表），谈谈"我爱我家"园本课程的具体实施。

"我爱'练'少林武术"课程具体实施表

实施年级：大班　　　总课时：9～10节（一学年）

课程简介（200字内）	一幼在挖掘和提倡中华民族传统文化过程中，认为对幼儿进行少林武术教育是很有价值的一项活动。幼儿园把少林武术主题活动融入健康、社会、科学、语言、艺术五大领域，激发幼儿对传统武术的喜爱与参与兴趣。幼儿园根据幼儿的生理、心理特点，结合武术活动内容，运用武术操、武术集体教育活动等多种形式，注重武术教育活动的游戏性、科学性，结合教学对象的年龄、身心特点设置一个长期教学目标（如年目标），然后将其体现在各个短期（如学期、月、周目标等）的教学目标中，而每一节幼儿武术活动课的目标就根据短期目标去——制订，然后——实现
背景分析（500字内）	目的和意义：武术不仅是我国国民强身健体的重要方式，还是中华绚烂文化的重要组成部分，更是登封优质资源中的亮点之一。在幼儿园开展武术活动不仅可以增强幼儿的速度、耐力、灵敏、协调等身体素质，而且可以提高幼儿基本活动能力，发展基本动作。传统武术提倡的修德、练意、养气更可培养坚持忍耐、勇于挑战、不言放弃的良好意志品质，促进身心健康成长。这正是我们所要培养幼儿具有的品质。少林武术园本课程的研发，使我园教师增强了实践即研究的意识，提升了教育价值判断能力、设计与组织能力，促进了我园教师专业化发展
	学情分析：幼儿的骨骼组织较多，弹性和柔韧性好，但是负重较小；幼儿关节和韧带的生长属性大，运动范围大，肌肉含水率较多，肌纤维细，富于弹性，但还是较柔嫩；幼儿心肌尚未发育完善，运动时靠增加心率（心脏跳动频率）来适应，不适于做耐力练习；幼儿神经系统尚未发育完善，兴奋强于抑制，因此好动，不能安静地坐较长时间；幼儿好奇心强，好胜心强，模仿能力也比较强。武术活动内容丰富、生动，柔韧、翻滚和技巧动作多，容易引起幼儿的兴趣；同时，武术的短套路动作小，对耐力的要求低，符合幼儿生理的特点，所以教程编排要符合幼儿的年龄特征和兴趣，如采用五步拳、武术操、象形拳等
	资源分析：登封是一个有着悠久历史的文化之乡，同时是武术之乡。少林武术是中华武术中体系最庞大的门派，发源于我们登封市嵩山少室山下丛林中的少林寺，少林寺享誉海内外，"少林"一词也成为汉族传统武术的象征之一，千百年来，少林武术作为一种人文文化现象，作为一种人体形态文化或是作为健身、御敌、竞技专案在中国早已家喻户晓、妇孺皆知，已成为中华文化的宝贵遗产。我们登封有众多武校，我们有得天独厚的条件来让幼儿近距离感受少林功夫的神奇和精彩。我们带幼儿走进登封的塔沟、鹅坡、小龙等武术院校，观看武术学员习武、练功，同时，我们邀请武术学员到我们幼儿园做老师，利用我园家长也是武校教练的优质资源，培训幼儿教师学习少林武术，每周给大、中、小班各上一节集体教育课，在全园起到以点带面的引领作用，让幼儿教师和幼儿跟着专业教练面

续 表

背景分析（500字内）	对面地学习少林功夫，让正宗的少林武术真正走进幼儿园，有益于师幼发展。例如，马步、弓步、仆步冲拳、推掌、亮掌等一招一式，幼儿学得非常认真，进一步激发了幼儿对少林功夫的喜爱和对家乡的热爱之情
课程目标	感受并传承中华传统文化之一武术的魅力，培养幼儿参与武术活动的兴趣，增强幼儿的体质，通过武术教育，促进幼儿身心全面和谐健康发展；探索培养幼儿刻苦训练、不怕困难、意志顽强的精神和主动参与健身活动的意识，促进幼儿心理素质的提高
学习主题/活动安排（请列出教学进度，包括日期、周次、内容、实施要求）	以大班为例，园本课程《我爱练少林武术》主题共分3个子主题。 一、探秘少林（9—11月） 要求：感受武术的博大精深，了解武术之乡——登封的悠久历史文化。 1.健康《武术操》（第2～4周） 实施要求： （1）学习冲拳、亮掌等基本的武术动作，感受武术动作的有力、威武等特点。 （2）能在音乐伴奏下，有力、规范地做动作。 2.欣赏电影《少林寺》（第5～6周） 实施要求： （1）理解电影的主要故事情节，感知少林寺的悠久历史。 （2）感受武术的动作特点，了解武术之乡——登封的文化底蕴。 3.语言《十三棍僧救唐王》（第7～8周） 实施要求： （1）理解故事主要情节，了解历史上少林武僧的功绩。 （2）感受少林寺白衣殿中壁画的艺术魅力。 4.美术《少林寺山门》（第9～10周） 实施要求： （1）感知少林寺的独特性，了解登封武术文化。 （2）了解少林寺武僧在历史文化中的重要作用，萌发作为登封人的自豪感。 5.社会《塔林》（第11～12周） 实施要求： （1）通过猜测、观察，知道少林寺塔林的意义。 （2）了解少林文化，萌发崇尚习武的情感。 二、武林风（11—12月） 要求：感知武术的基本动作，激发对武术的探究欲望。 1.音乐欣赏《牧羊曲》（第13～14周） 实施要求： （1）理解歌词大意，进一步感受登封的优美风景。

续 表

学习主题/活动安排（请列出教学进度，包括日期、周次、内容、实施要求）	（2）知道歌曲的出处，了解少林寺的神奇魅力。 2. 社会《认识兵器》（第15～17周） 实施要求： （1）初步感知少林武术中所运用的各种兵器。 （2）感受少林武术的博大精深。 3. 美术《少林壁画》（第18～19周） （1）初步认知少林寺白衣殿的建筑，了解少林武僧在历史上所做的贡献。 （2）初步学习壁画中的基本武术动作。 4. 健康《象形拳》（第24～26周） 实施要求： （1）通过模仿、观察来感知象形拳的特点。 （2）进一步感知少林武术的博大精深。 5. 社会《走进武院》（第27～28周） 实施要求： 通过参观，感受习武氛围，激发参与武术活动的兴趣。 三、功夫小子（4—6月） 要求：学习武术的基本套路拳，知道要不怕苦，勇于挑战。 1. 健康《少林小子》（第29～31周） 实施要求： （1）探索奶粉桶的多种玩法，体验参与体育活动的乐趣。 （2）模仿图片，自由探索，分享学习站、走"梅花桩"的动作，发展身体的平衡性和协调性。 （3）喜爱家乡的武术，感受家乡武术的独特魅力。 2. 打击乐《功夫是怎样练成的》（第32～33周） 实施要求： （1）在已欣赏歌曲的基础上，通过模仿诵经、劳动、练武动作，学习正确拍打二分、四分音符及休止符的节奏型。 （2）能在教师的指挥下，分组演奏不同的节奏型，并在合奏的过程中加上自己的肢体动作和发声，尝试表现出乐曲的威武雄壮。 （3）通过活动了解中国功夫的博大精深，感受中国功夫的雄健气魄以及作为登封人的自豪感。 3. 语言《功夫小子》（第34～35周） 实施要求： （1）学习儿歌，感受少林小子的顽强、坚韧、勇于挑战的品格。 （2）能根据儿歌内容，创编自己喜欢的武术动作，尝试表演。 4. 健康《猴拳》（第36～38周） 实施要求： （1）通过观看视频、图片及同伴间的分享交流，尝试模仿猴拳的简单动作，

续 表

学习主题/活动安排（请列出教学进度，包括日期、周次、内容、实施要求）	初步了解猴拳的动作特点。 （2）在活动中愿意模仿猴拳动作，对猴拳感兴趣。 5. 健康《五步拳》（第39～40周） 实施要求： （1）学习马步、冲拳、亮掌、仆步等基本武术招式，动作规范、有力。 （2）通过感受，尝试表现武术动作威武、有力的特点
评价活动/成绩评定	武术活动给幼儿带来了一种焕然一新的精神面貌，虽然幼儿的动作不够规范，但是他们在做这些动作时对自我有要求，体会到一种成就感，这种健身健体的快乐是最重要的。培养幼儿热爱运动，对他们每个人的终身发展都有深远的影响
主要参考文献	《规程》《纲要》《指南》《登封志》《少林武术拳谱》
备注	

有效利用家长资源：

家长资源是幼儿园有效教育资源的重要来源之一。我园绝大多数家长为土生土长的登封周边居民，对本地域的特点了如指掌。因此，我们通过家长收集课程材料，通过亲子参观、亲子制作、家长助教等形式对幼儿进行园本教育。例如，在"家长助教"活动中，由于我园××班××的妈妈在旅游局工作，我们邀请她做"爱家乡"的执教者。登封旅游资源得天独厚，悠久的历史、厚重的文化，登封拥有许多宝贵的历史文化遗产。家长的参与让幼儿更有兴趣了解家乡的景点。再如，××班××的爸爸会做烧饼，在"品"登封小吃活动中，我们邀请他来给幼儿教学做烧饼，当一个个烧饼出炉时，幼儿馋得口水都流下来了，他们品尝着自己制作的烧饼，心里别提多高兴了。又如，××班××的爸爸是武校的教练，我们邀请他来和我们一起练武术。瞧，虽然我们动作的力度跟不上，但我们也是有模有样的武术小达人呢！

（二）课程评价

1. 对幼儿的评价

对幼儿的评价主要是评价主题活动实施效果和教师根据本班幼儿的阶段目标，对幼儿活动过程的评价。

具体措施：采用观察法和文本记录法，以"幼儿成长档案""每月主题实施内容自评""每学期幼儿发展评估"等形式呈现。

2. 对教师的评价

对教师的评价主要是从环境创设、设计组织教育教学活动、师幼互动、反思分析、教师自主发展等方面进行自评、互评和园评。

3. 对课程的评价

对课程的评价主要是指通过专家指导，对课程进行评价和调整；利用参加课题研究的机会，让上级主管部门对课题进行评价。

四、专项课题研究

2017年成立课题组，开展《园本课程"我爱我家"实施中基于幼儿发展的评价研究》专项课题研究，并荣获郑州市二等奖。下面介绍具体的经验、做法及收获。

（一）主要经验和做法

1. 加强理论学习，奠定课题研究的理论基石

虽然国内外有关幼儿教学评价的理论研究已经比较成熟，但是由于影响评价实践的科学、合理、可操作的现实因素较多，至今许多教学评价仍处于实践探索阶段，推进举步维艰。特别是对于园本课程的评价，大多数研究都是针对园本课程开发的研究。由于针对园本课程评价方面的研究很少，为了丰富课题组教师的理论知识，我们购置了《学前儿童观察与评价》《多元智能理论与学前儿童能力评价》《做有力量的教师——观察与支持儿童的学习》等有关儿童发展评价的书籍。通过一次次的学习，教师渐渐明确了研究思路，摸索出了一些研究方法。

2. 进一步理解评价的内涵和外延并明确研究其立足点

课题设立之初，本课题组的教师对评价的理解各持观点。有的教师认为，评价就是对幼儿作品的评价；有的教师认为，评价就是对园本活动效果的评

价；有的教师认为，评价就是对幼儿能力的发展进行评价。在主持人带领下，通过一次次的研讨学习，大家开始审视和批判自己主观的理解，逐渐从他人的研究中找到我们子课题的研究异同点及生长点。我们认为，对于课程的评价不仅仅关注如何评价的问题，更要关注在课程实施过程中幼儿能获得了什么，以及如何通过我们对课程的评价辅助园本课程发展。基于这个理解我们开展了无数次课题研讨，探究本课题中哪些研究行为是可行的，哪些研究可以稍做调整，更能体现评价子课题与其他子课题的不同研究维度。

3. 创新设计适合本课题的调查问卷和作品记录表并进行对比性研究

课程评价对于教师来说存在一定难度。课题组教师经过理论学习，从书本中找答案，探索出了简便、易于操作、便于总结的各种调查问卷和记录表，并进行对比研究，使评价更加直观和科学。

（1）问卷调查。

在学期初和学期末，课题组教师分别设计了问卷调查，分大、中、小3个年级发放，每班发放5份调查问卷，每级共发放35份调查问卷。调查问卷的设计分为家长问卷和幼儿问卷两部分。家长问卷从家长对园本课程的了解方面调查，如您对我园园本课程有哪些了解？您认为幼儿园开展园本课程，幼儿会有哪些受益？您对登封文化的了解程度如何？等等。调查问卷从幼儿对家乡的了解、体能等方面进行调查，如你能连续行走多长时间？你的身高体重是多少？你知道什么武术招式？请做一做并说出它的名字。你通过什么方式知道这些武术动作？等等。此外，请家长帮忙填写调查问卷，课题组教师将收集到的问卷进行汇总，然后根据问卷汇总的数据，结合《指南》中大、中、小班幼儿的发展指标进行对照，进行数据分析，从而评价通过园本课程的实施，幼儿在体能发展、对家乡的了解、热爱等方面的发展。

（2）作品分析。

① 对于3～6岁的幼儿来说，绘画是其表达认知世界的重要方式。课题组教师通过收集整理幼儿在园本活动中的绘画作品并进行分析对比发现，通过园本课程的实施，幼儿对于家乡有了更加深入的了解。

② 为方便收集作品，课题组教师还尝试设计了表格式的作品记录纸，在节假日放假前发给幼儿，让幼儿将自己知道的家乡知识、假期中了解的家乡知识都记录在上边，作为评价分析的依据。

4. 丰富和完善园本课程

幼儿园依托年级教研组力量，通过课例研究，诊断评价已有园本课程，使其更加丰富和完善。

对于已经生成的园本课程案例，教研组对每个课例进行教研研究。由一位教师进行执教，教研组其他教师依据每个课例的实际需求，从幼儿、教师等角度选取相应的观察点，分合作小组进行课堂观察；每组教师一个观察点，根据授课教师、幼儿在活动中的表现，进行数据式的记录分析；最后汇总、反馈给授课教师，授课教师根据教研组的反馈调整活动案例，形成教案定稿。通过课堂观察和诊断，教师及时观察、评价园本课程案例的优点和不足，有效地完善已有的园本课程内容。

（二）课题研究成果

1. 确立评价框架，构建适宜的评价体系

幼儿方面：探索出了问卷调查、数据分析、作品评价等一些行之有效的评价方法，初步构建了大、中、小3个年级的评价体系。

（1）通过问卷调查、数据分析等形式收集评价数据，对比分析得出评价结果。以大、中、小3个年级在上学期的调查问卷为例，进行分析评价如下：

① 小班上学期初问卷调查汇总情况。

家长问卷：参加问卷调查的家长大多是妈妈，大部分家长有较高的文化水平；大部分家长都带幼儿参观过登封的文物景点，幼儿对登封的历史文化有较多了解；大部分家长对我园的园本课程不甚了解，也不清楚在幼儿园开展园本课程，幼儿会获得相关收益。

幼儿问卷：幼儿连续行走、快跑、双手抓杆悬空吊起的达标人数较少，说明体能水平相对较低；幼儿对登封历史文化、景点知识所知不多，大部分幼儿没有参观过登封的风景名胜；幼儿对少林武术动作、名称也所知甚少；幼儿身高、体重与同龄幼儿平均值有差别，偏低。

② 中班上学期初问卷调查汇总情况。

家长问卷：参与调查的家长，其中爸爸占4%，妈妈占96%；家长文化程度均在大专以上；有20%的家长对登封的历史文化所知甚少，有80%的家长对登封的历史文化有较多了解；7%的家长很少带幼儿参观登封的文物景点，93%的家长经常带幼儿参观登封的文物景点；7%的家长不了解我园的园本课程有哪些，

93%的家长对我园的园本课程有一定的了解，如让幼儿认识了很多登封的特产、登封的历史、文物古迹等；100%的家长知道开展园本课程有益于幼儿增长知识，开阔幼儿的视野；等等。

幼儿问卷：85%的幼儿能连续行走1.5千米内（包含1.5千米，途中可适当停歇），15%的幼儿能连续行走1.5千米以上（途中可适当停歇），达到大班幼儿发展水平；3%的幼儿快跑水平有待加强，90%的幼儿能快跑20米左右，7%的幼儿能快跑25米左右；85%的幼儿能双手抓杆悬空吊起10秒左右，10%的幼儿能双手抓杆悬空吊起15秒左右，5%的幼儿能双手抓杆悬空吊起20秒左右。整体来看，我园中班幼儿双手抓杆悬空吊起能力稍有欠缺，应在以后的活动中可加强练习。6%的幼儿能单脚向前跳2米左右，90%的幼儿能单脚向前跳5米左右，4%的幼儿能单脚向前跳8米左右。幼儿的身高体重均达到中班幼儿的身高体重正常值。幼儿知道登封境内比较知名的景点，如少林寺、中岳庙、嵩山等，但对于武术动作方面知道的相对较少，有30%的幼儿只知道动作，不知道动作名称，他们都是通过观看电视节目、武术表演的方式知道这些武术动作的。

③大班上学期初问卷调查汇总情况。

家长问卷：家长都说园本课程开展得很好，让幼儿了解了登封当地的景点、文化，能够让幼儿更喜欢自己的家乡、热爱自己的家乡，使幼儿受益终身。

幼儿问卷：通过我们的园本课程，幼儿都能说出多个登封的旅游景点，但是在调查中发现，教师在课堂中讲得再多，都不如带幼儿实际参观各个景点，给幼儿留下的印象深刻。对于武术的招式，幼儿都能练两手，但是说不出武术的招式。虽然很多幼儿说是从电视上了解到武术招式的，其实每学期我们幼儿园的早操中都有武术操。在体能方面，68%的幼儿都能走1.5千米以上，这说明通过园本课程大班的幼儿体能相对发展较好。能双手抓杆悬空10秒的幼儿较多，说明幼儿上肢的力量不够，要多锻炼。幼儿能快跑25米的较多，说明幼儿下肢的发展相对比上肢好。

通过两个学期初的问卷调查对比，发现通过园本课程的实施，幼儿在对家乡的认知、情感以及对武术的了解和自身体能方面都有所发展。从小班家长不了解幼儿园园本课程，不知道幼儿园开设了园本课程，中班100%的家长知道幼儿园开设了园本课程，再到大班家长都说园本课程开展得很好。幼儿从连续行走、快跑、双手抓杆悬空吊起的达标人数较少，体能水平相对较低，对登封历史文化、景点知识所知不多，对少林武术动作、名称所知甚少；到中班幼儿的身高体重达到正常值，知道登封境内比较知名的景点，有30%的幼儿只知道动作，不知道名称；再到大班，通过我们的园本课程，幼儿都能说出多个登封的旅游景点，68%的幼儿能走1.5千米以上，体能发展较好。通过以上数据对比，我们可以清晰地看到园本课程的实施给幼儿和家长带来的可喜变化，同时验证了我们采用调查问卷和数据分析这一方法进行评价研究的可操作和有效性。

（2）通过幼儿作品分析和了解幼儿在课程实施中、实施后的发展变化，如通过收集大班幼儿画的少林寺（见下图），我们发现，在进行园本活动之后，幼儿对于山门的特点描绘比之前更为细致，每一个幼儿的作品都不尽相同。在认识了中岳庙、逛过了庙会后，幼儿能用自己的绘画语言大胆地表现中岳庙会的盛况。家乡的景点也出现在幼儿的建构游戏中，其中一个幼儿搭建了少林寺的方丈室，用围墙把方丈室围了起来，他说："方丈室是不能随便让人进的。"这些都说明幼儿对于这个景点不像从前，只知道名字，而是更深入地了解。

孩子笔下的少林寺

2. 教师方面

在课例中，教师利用情境观察法及时观察并评价了园本课程案例的优点和不足，有效完善了已有的园本课程内容。以张方方老师执教的小班园本活动

"少林提水功"为例，教研组分别从教师语言的有效性（提问、指导、过渡、小结）、活动各环节实施、幼儿的自主学习、活动材料的运用四个方面是否有利于目标的达成进行课堂观察。第一次活动，教师设计的活动缺乏趣味性、层次性，仅仅通过增加活动时间和次数体现，不够深入。第二次活动，教师设置的独木桥障碍过长，小班幼儿难以达到目标。依据教研组课堂观察的反馈，张老师及时调整教案，形成一个符合小班年龄特点、极具地域特色的园本课程案例。本次课程案例于2017年4月参加郑州市优质课大赛获得一等奖。如下图所示，业务园长张青慧带领教师进行园本课程案例研讨。

业务园长张青慧带领教师进行园本课程案例研讨

经过一年的研究实践，在原有园本课程汇编的基础上，大、中、小班教师不断地探索研究，根据课例研究评价结果，对自己年级的课程进行了修订和添加，将其融入日常教学活动。

3. 加深幼儿对家乡的了解，增进幼儿爱家乡的情感

通过园本课程的实施，幼儿在对家乡景点、家乡知识等方面都有了深入的了解，幼儿懂得了更多家乡知识，100%的大班幼儿能说出少林寺、中岳庙、嵩阳书院、嵩山等著名景点；90%的幼儿能说出一个或两个少林寺等景点的故事，如程门立雪、达摩面壁、十三棍僧救唐王等。由王晓霞、张方方老师执教的大班建构游戏《美丽家乡》于2017年7月参加登封市、郑州市幼儿园创造性游戏大赛，并获得一等奖，如下图所示。

幼儿搭建的少林寺　　　　　　幼儿绘画——逛庙会场景

幼儿绘画——观星台景点　　　幼儿绘画——嵩岳寺塔

4. 教师课程的专业能力和研究意识有效提升

（1）促进教师增强课程意识。

长期以来，我园教师之前注重园本课程开发，忽视课程评价。随着园本课程评价课题的探索和研究，通过一系列的自学、集体学习、培训交流，我们教师转变了思想观念，增强了课程评价意识，逐渐学会从课程的实施、幼儿发展等方面反观自己的教学行为，并做出及时调整，完善园本课程。可以说，园本课程评价的研究，大大激发了教师自我发展的需要，催生了教师创新思维，构筑起了教师、幼儿、家长三位一体共同评价、共同发展的平台。

（2）促进教师之间互助成长。

课程评价不是某一两位教师就能完成的事情，而是幼儿园、教师、幼儿、社会、家长等各方及成员共同参与的过程，也是一个合作探讨反思的过程。它需要大家齐心协力，付出真诚与汗水。但是，此次针对园本课程的评价，我们课题组的每一位教师都是第一次参与。因此，课题研究中肯定会遇到许多的问题。在一次次的课题会议、年级组会议、教研组会议中，通过交流探讨，你问我答，大家各抒己见，出主意、想办法，包括各种数据的收集、调查问卷的设计、课例的研讨等，教师的研究能力得到了大幅度的提升。

（3）促进教师更新教育理念并提升教研能力。

以前，教师认为教研是很空洞的，是没有必要的，是多余的，提到教研，教师总说："我们又不是专门的研究人员，我们带好班就行了，研究什么？""我们长期在一线有什么研究能力？"现在，教师进行课题研究，再研究制订评价方案、确定调查问卷、收集评价数据库，以及与同伴一起说课、评课、讨论、反思，并尝试将自己的反思书写出来，教师发现教研并不难，自己的日常工作做到实处就是研究。通过课题的实践研究，不论是课题组教师还是其他教师，他们的教研能力都得到了快速提升，教师变得勤于思考、乐于教研。

5. 通过课题的开展吸引家长积极参与评价，家长对园本课程深入了解和支持

园本课程的开展，带动全体家长积极参与课程的实施和评价，对园本课程的实施给予大力支持和配合。例如，课程实施前，家长利用周末带领幼儿提前熟悉、参观登封的各大景点；走进武校，零距离体验少林武术的魅力。课程实施后，再次走进各大景点时，家长能明显感受到幼儿对景点的历史文化有进一步的理解；再次走进武校，幼儿学习武术的兴趣更浓了。看到幼儿的进步，家长对园本课程的实施更加支持和肯定。

（三）课题的反思和困惑

（1）经过课题的深入研究和探索，教师对"园本课程评价"的理解和实施有了进一步的认识，初步探索了有效的评价方法，以大、中、小年级组为单位初步建立了评价框架，结合各年级组小专题研究的深入，结合不同年龄段评价方案的不断调整与补充，逐步形成评价框架，但评价的系统性还需要进一步完善和深入探究。

（2）在本课题中，我们主要针对"园本课程实施中幼儿的发展评价"进行研究，对于课程实施者——教师的评价主要体现在课例评价和诊断中，教师行为的评价研究还有待进行更加全面的研究。

（3）在课程评价中，我们发现有家长的参与有利于评价更加全面和完善，特别是3～6岁的幼儿还不会书写，更需要家长根据幼儿的描述进行记录，以便教师收集数据。但在实施过程中，我们发现有的家长干预因素较多，尝试通过改进调查问卷的设计，及在调查时给家长讲明如何填写来减少家长干预因素，并保证调查人的一致性，以确保评价结果更科学。但还是有误差存在，该怎样科学、合理、有效地引导家长参与到课程评价中来呢？这也是我们比较困惑的地方。

五、园本课程开展取得成效

1 多彩活动让"爱"的种子在幼儿身上生根发芽

幼儿对家乡风景名胜、家乡特产、自然资源的认识增加了，激发了幼儿爱家乡、爱祖国的积极情感；幼儿的言行举止更文明礼貌、大方得体；幼儿社交能力明显提高，学会分享、合作，体验朋友、伙伴、集体游戏活动的乐趣；幼儿在家庭中懂得尊老爱幼，原来"自私、霸道、唯我独尊"的"小皇帝"和"小公主"慢慢变成了懂事的"好孩子"！

2. 多彩活动让"花"的芬芳在教师身上久久萦绕

教师不断增强课程意识，挖掘园本课程资源并将其渗透于课程实施过程的能力有明显提高。特别是教师问题研究的能力得到了提升，在园本课程开发的5个历程中，我们走过了摸索中的混沌，在学习实践中逐渐明朗，在专家引领中提升，甚至一个主题用词都让我们在研究中使其越来越精确。例如，"嵩山文化"和"风景名胜"两个主题的内容，总让人觉得容易混淆。2021年10月21日，岳亚平教授指导课程时提出疑问，经过大家的研讨和岳教授的指导，我们逐渐明白了，凡是欣赏的、做的、唱的、表演的、展示的应该是"嵩山文化"，凡是认知类的应该是"风景名胜"。对于不同领域、不同年龄段中出现的同一名称，如"少林小子""嵩山红叶""大唐碑"等活动案例，虽然我们设计教师很清楚是不同的活动，但是还是应该在名称上加以调整和区分，让分享的同伴更加明白，不会产生其他的疑问。教师团队对本地资源的深刻认识、理解和课程开发能力也需进一步提升。

2009年11月，张方方老师设计的创造性游戏"美丽的家乡——登封"，荣获河南省一等奖；2010年10月，张方方老师设计执教的大班健康活动"少林小子"在郑州市幼儿园"健康"领域集体教学公开展示研讨活动上展示，受到好评，并被评为"郑州市教学观摩示范课"；2012年5月，杨艳娜老师撰写的论文《我园利用本土资源开展，园本课程的途径与方法》，荣获河南省一等奖；2016年1月，王淑丽老师撰写的论文《依托旅游文化建构特色课程》，被郑州市教科所评为二等奖。2017年3月27日，《园本课程"我爱我家"实施中基于幼儿发展的评价研究》立项、结题；2018年8月，"我爱天地之中——美丽登封"园本课程研究，荣获河南省教育科学研究优秀成果（研究报告）一等奖。

"我爱我家"园本课程的开发和案例汇编是一幼和美教师团队10余年的智慧结晶，是我们的"真爱汇集"，虽然有不足之处，但我们愿意和大家分享，让全市幼教人都能够借鉴，因地制宜地开发本园的课程。分享是传递"真爱"的过程，是"小爱化大爱"的过程，愿我们的点滴努力有益于我们登封的学子们！

关于课程研发的一点启发：问题是研究的原点，也是成长的燃点，我们应不断思考、不断学习、不断实践、不断反思、不断研究；勤学、笃行（坚定不移地做、扎扎实实地做，不怕困难和失败），终会有所收获。研发过程中的问题层出不穷，困难也会一个又一个地出现，它们新旧交替、循环上升出现，我们正像一颗颗向上的禾苗，每一个问题都是一个成长的节点。我们在研发中成长，在成长中静心听那悦耳的拔节声，尽享成长的幸福和快乐！

2022年1月8日

"我爱我家"园本课程课例统计表

"我爱看风景名胜"园本课程课例统计表

序号	年级/学期	领域	活动名称
1	小班上学期	语言	谈话活动：我家附近的公园
2	小班上学期	语言	讲述活动：我来过这里
3	小班下学期	艺术	美术拓印：嵩山红叶
4	小班下学期	语言	看图讲述：新老家、新农村
5	中班上学期	艺术	线描画：塔林
6	中班上学期	语言	儿歌：将军柏
7	中班上学期	艺术	美工：红叶红　红叶美
8	中班上学期	艺术	打击乐：石头碰碰乐
9	中班下学期	艺术	主题画：上迎宾公园
10	中班下学期	语言	儿歌：大唐碑
11	中班下学期	语言	看图讲述：大禹治水
12	中班下学期	艺术	折纸：塔林
13	大班上学期	艺术	主题绘画：少林寺山门
14	大班上学期	艺术	水粉画：嵩山红叶
15	大班上学期	艺术	水粉画：雏菊朵朵开
16	大班上学期	社会	社会：嵩阳书院的建筑
17	大班下学期	艺术	剪纸：塔林
18	大班下学期	语言	故事：启母石的故事
19	大班下学期	社会	社会：认识少林寺
20	大班下学期	社会	社会：城市多美丽

"我爱练少林武术"园本课程课例统计表

序号	年级/学期	领域	活动名称
1	小班上学期	健康	功夫宝宝
2	小班上学期	食育	好喝的萝卜水
3	小班下学期	健康	马步冲拳
4	小班下学期	健康	功夫宝宝翻跟头
5	中班上学期	健康	猴拳
6	中班上学期	语言	儿歌：少林小子
7	中班下学期	艺术	音乐欣赏：少林少林
8	中班下学期	社会	少林小导游
9	大班上学期	艺术	泥工：少林小子
10	大班上学期	健康	象形拳
11	大班上学期	健康	来自玉米芯的挑战
12	大班上学期	科学	科学：倒立神功
13	大班下学期	科学	数学：功夫场上练功夫
14	大班下学期	健康	功夫宝宝练本领
15	大班下学期	艺术	美术：武功秘籍
16	大班下学期	健康	梅花桩上练功夫
17	大班下学期	健康	心理健康：勇于挑战

"我爱吃登封小吃"园本课程课例统计表

序号	年级/学期	领域	活动名称
1	小班上学期	社会	好吃的烩面
2	小班上学期	语言	登封小吃香
3	小班下学期	食育	实践操作：烧饼
4	小班下学期	科学	田野里的蒲公英
5	中班上学期	食育	好吃的芥丝
6	中班上学期	食育	粉蒸萝卜丝
7	中班上学期	食育	山楂苹果健脾水
8	中班下学期	食育	好吃的面条
9	大班上学期	科学	浑身是宝的韭菜

续 表

序号	年级/学期	领域	活动名称
10	大班上学期	食育	翡翠腊八蒜
11	大班上学期	科学	科学：香喷喷的烤红薯
12	大班下学期	语言	儿歌：登封美食
13	大班下学期	艺术	歌唱活动：家乡美食多
14	大班下学期	食育	好吃的荠菜

"我爱赏嵩山文化"园本课程课例统计表

序号	年级/学期	领域	活动名称
1	小班上学期	艺术	豫剧欣赏：唱大戏
2	小班上学期	社会	我的老家在这里
3	小班下学期	艺术	唢呐欣赏：唢呐声声
4	小班下学期	社会	远方来的水宝宝
5	中班上学期	社会	我的家乡
6	中班上学期	语言	儿歌：板凳摞摞
7	中班上学期	艺术	歌唱活动：一幼让爱满天下
8	中班上学期	艺术	美工：树叶拼贴画
9	中班上学期	科学	嵩山红叶
10	中班上学期	艺术	线描画：中岳庙拜铁人
11	中班下学期	艺术	歌唱活动：春天嵩山美如画
12	中班下学期	科学	寻宝石头
13	中班下学期	艺术	歌唱活动：说说知心话
14	中班下学期	数学	石头乐
15	中班下学期	艺术	音乐欣赏：嵩山
16	中班下学期	艺术	歌唱活动：我喜欢
17	大班上学期	艺术	歌唱活动：秋天的嵩山
18	大班上学期	艺术	美术欣赏：年年有"鱼"
19	大班上学期	艺术	音乐欣赏：牧羊曲
20	大班上学期	语言	儿歌：我的家乡是宝篮
21	大班下学期	语言	故事：程门立雪

续 表

序号	年级/学期	领域	活动名称
22	大班下学期	艺术	歌唱活动：登封登封多么美
23	大班下学期	艺术	美工：嵩山石头大变身
24	大班下学期	语言	故事：许由洗耳

"我爱玩民间游戏"园本课程课例统计表

序号	年级/学期	领域	活动名称
1	小班上学期	科学	数学活动：先跳到哪里了？
2	小班下学期	健康	体育游戏：石头剪刀布
3	中班上学期	健康	骑大马
4	中班上学期	语言	听说游戏：顶锅盖
5	中班上学期	健康	炒豆豆
6	中班下学期	艺术	美工：飞机轮子
7	中班下学期	健康	马步推击
8	大班上学期	健康	星星过月
9	大班上学期	数学	挑冰糕棍
10	大班上学期	健康	跳皮筋
11	大班上学期	艺术	美工：玩甩炮
12	大班上学期	艺术	音乐游戏：石头剪刀布
13	大班下学期	科学	科学：石子棋
14	大班下学期	健康	跳房子
15	大班下学期	健康	鸡蛋国

"我爱知农作物"园本课程课例统计表

序号	年级/学期	领域	活动名称
1	小班上学期	科学	花生长在哪里？
2	小班上学期	科学	数学分类：收庄稼
3	小班下学期	艺术	美术：玉米贴画
4	小班下学期	食育	劳动实践：种大蒜
5	中班上学期	数学	玉米点一点
6	中班上学期	健康	好玩的玉米芯

续 表

序号	年级/学期	领域	活动名称
7	中班上学期	科学	科学：有用的花生
8	中班上学期	艺术	美工：好玩的高粱秆眼镜
9	中班下学期	数学	农作物排排队
10	中班下学期	食育	有趣的果蔬汁
11	中班下学期	科学	认识小麦
12	中班下学期	数学	种子点数
13	大班上学期	科学	数学：猜猜有几颗花生
14	大班上学期	科学	认识红薯
15	大班上学期	科学	数学：农民伯伯运粮忙
16	大班下学期	语言	儿歌：土豆
17	大班下学期	艺术	美工：装扮少林寺山门
18	大班下学期	食育	好吃的粗粮

课例汇总："我爱我家"园本课程共108节课，大班共45节，其中艺术15节（美术10节、音乐5节），社会3节，语言6节，健康10节，科学9节（数学4节、科学5节），食育2节；中班共41节，其中语言6节，美术9节，音乐6节，健康6节，数学4节，科学4节，社会2节，食育4节；小班共22节，其中语言4节，艺术4节，健康4节，社会3节，科学4节，食育3节。因为地域资源和幼儿年龄发展的特点，研发的园本课程六大主题在五大领域分布方面还不太均衡。我们的主旨是，顺势而为，尊重规律，适时研发，给幼儿适宜的教育。

我爱"看"风景名胜

小班·上学期

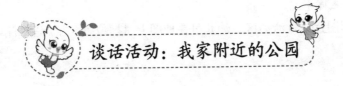
谈话活动：我家附近的公园

【活动目标】

（1）知道公园是一个公共场合，了解登封市区有很多美丽的小公园，共同组成了美丽的登封。

（2）通过观察图片，愿意在集体前介绍自己家附近的公园名称、公园设施等。

（3）初步懂得要保护公园的环境，爱护花草树木。

【活动准备】

（1）经验准备：有过在公园活动的经验。

（2）物质准备：市区各个公园的图片、PPT、地图。

【活动过程】

（一）出示事先拍摄的公园图片，请幼儿观察

（1）师：看这是什么地方？你是怎么知道的？

（2）师：你在这里都玩过什么？你还知道有哪个公园？

（二）了解公园是一个美丽的公共场合

（1）师：你还去过哪些公园？你家附近的公园叫什么名字？

教师依据幼儿说出的公园名字，依次出示相应公园图片。

（2）了解公园是一个环境优美的地方。

师：请你介绍，你经常去的公园名字是什么？公园里面有什么？你在公园里看到了什么？你最喜欢的是什么？你在公园里看到了什么树，什么花？

（3）教师出示公园里的场景的图片，让幼儿进一步感受公园是一个公共场合。

师：公园里的树、花草是让谁欣赏的？这些健身设施是让谁用的？

（三）整体感知登封市是一个美丽的地方

（1）教师把每一个公园的图片按照位置摆出来，幼儿整体观看，感知一个个公园共同组成了美丽的登封。

（2）师：这么美丽的公园，我们平时应该怎样爱护公园的环境？

【活动延伸】

把公园图片放置活动区，幼儿可在地图上拼摆位置，了解登封市区面貌。

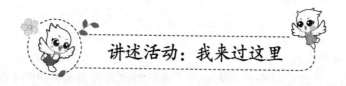

讲述活动：我来过这里

【活动目标】

（1）尝试在集体前用语言大胆地介绍自己所认识的景点，学习用"我来过这里，这里是××"句式进行简短的讲述。

（2）通过初步了解少林寺、中岳庙、嵩阳书院、观星台等家乡的旅游景点，知道家乡登封是个美丽的地方。

（3）幼儿进一步认识登封旅游景点，增强对家乡的自豪感。

【活动准备】

（1）经验准备：到过一些景点，并知道景点名称。

（2）物质准备：旅游景点图片。

【活动过程】

（一）播放景点图片，欣赏美丽的家乡

（1）师：我们居住的地方叫什么名字？你喜欢登封吗？为什么？

（2）师幼共同观看图片。师：你刚才看到了哪些地方？能说出它们的名称吗？

（3）师：你们还知道登封有哪些好玩和好看的地方吗？

（二）尝试运用短句说出自己所知道的景点

（1）幼儿自主挑选自己去过的景点图片，并介绍自己选的景点是在哪里。

（2）当幼儿表示去过的景点和教师播放的图片一致时，教师可以鼓励幼儿上前讲述，让幼儿尝试运用"我来过这里，这里是××"短句讲述。

（3）师：说出图片中的景点是在哪里，这个地方都有什么？

（三）看谁知道的景点多

（1）幼儿选择自己喜欢的景点图片，与小伙伴交换，学习与认识不一样的景点。

（2）一起比赛，看谁知道的景点多。

【活动延伸】

家长可提供幼儿在登封不同景点的照片，供幼儿分享交流。

小班·下学期

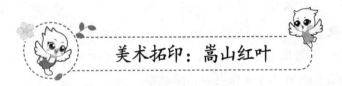

美术拓印：嵩山红叶

【活动目标】

（1）学习在树叶的背面均匀涂色，并在纸上压印的拓印技能，感受压印画的创作方式。

（2）通过大胆动手印画，初步学习运用压印画的方式表现嵩山红叶的外形特征。

（3）感受压印画创作带来的乐趣。

【活动准备】

（1）经验准备：幼儿观察过嵩山红叶。

（2）物质准备：嵩山红叶幻灯片、红叶、排笔、颜料、纸。

【活动过程】

（一）观看幻灯片，引发幼儿活动的兴趣

（1）认识嵩山红叶——黄栌树。

师：这些红叶长在什么地方？你能看出来吗？

（2）观察嵩山红叶的近距离照片，认识黄栌树，了解树叶遇冷变色的习性。

（二）展示收集的红叶，引发幼儿的注意与讨论

师：哪位小朋友愿意把你收集的红叶向大家展示一下呢？

（三）展示各种红叶的压印画，调动幼儿们对作画的兴趣

（1）激发幼儿讨论如何制作压印画。

（2）幼儿互相描述制作方法：选择一片树叶，找到叶背，用排笔蘸好颜料，均匀地涂在树叶的背面，再用纸压在树叶上。

（四）幼儿自己尝试操作，鼓励幼儿选择各种颜色及各种红叶

（1）教师讲解操作要求，幼儿分组操作。

（2）在幼儿操作过程中，教师适时进行个别指导。

（五）师幼共同分享欣赏

师：请大家一起来欣赏一下我们的嵩山红叶，和好朋友说一说，你最喜欢哪一幅图片，为什么？

【活动延伸】

倡导家长带幼儿一起去嵩山欣赏嵩山红叶，感受登封的家乡美景；同时，收集一些漂亮的红叶用于制作书签、标本等。

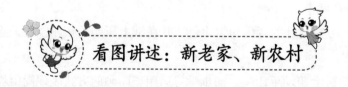

看图讲述：新老家、新农村

【活动目标】

（1）知道自己老家的具体地名，通过寻找对比新旧房子的不同，发现新农村的新变化。

（2）了解和熟悉新型农村的各项设施，并运用"我发现……"句式讲述。

（3）喜欢自己的家乡，为自己是登封人而自豪。

【活动准备】

（1）经验准备：幼儿知道自己的老家的地名。

（2）物质准备：新旧农村的图片、音乐《牧羊曲》。

【活动过程】

（一）欣赏音乐，引入主题

师：我们的家在登封，但你们的爸爸、妈妈或爷爷、奶奶很多都是在登封的农村出生的，登封就是我们的家乡。我们登封是一个美如画的地方，拥有很多风景名胜，现在让我们一起去游览一下吧。（播放音乐，一起观赏登封农村的图片）

（二）通过观察、对比，发现新农村的巨大变化

（1）教师播放新农村的图片，请幼儿观察。

师：这个地方和你刚才看到的农村一样吗？

（2）教师把新旧照片放在一起，请幼儿仔细观察与对比新旧农村有哪些地方不一样，并运用"我发现……"句式讲述。

（3）幼儿向大家讲述自己的老家叫什么名字，并尝试讲述自己的发现，描述新农村的样子。

（三）夸夸我们美丽的登封

师：我们都是登封人，登封是我们的家乡，你最喜欢登封的什么呢？我们作为登封人很骄傲自己的家乡这么美，请问这么美的家乡是谁建设的呢？（鼓励幼儿长大了建设美丽的家乡。）

【活动延伸】

家长和幼儿共同收集自己老家的不同时期的照片，感受家乡的新变化。

我爱 "练" 少林武术

小班·上学期

健康：功夫宝宝

【活动目标】

（1）在欣赏熟悉音乐、观摩武术活动的基础上，初步学习武术操中抱拳、下掌、勾手等基本动作。

（2）通过观看视频，模仿做武术操的动作要领，学习按照音乐节奏做动作。

（3）体验武术操刚劲有力的动作特点，喜欢做武术操。

【活动准备】

（1）经验准备：幼儿在活动前观看武术表演，学习和体会动作。

（2）物质准备：音乐、场地、视频。

【活动过程】

（一）欣赏视频——中国武术

（1）师：前几天，我们看过武术表演，你喜欢吗？你喜欢什么动作？大家试一试。

（2）幼儿在活动场地上，自主地进行表演活动。

（二）跟音乐学习武术操

（1）学习做武术操中抱拳、下掌、勾手等基本动作。

请小朋友看教师表演武术操，观察教师的手是怎么放的，教师的脚是怎么做动作的。教师示范表演后，大家一起来做一做。

（2）按顺序学习每个动作，教师利用图帮助幼儿理解动作要领。

（3）跟着音乐复习动作的顺序。

师：音乐中说到哪个动作，大家就做哪个动作。

（4）幼儿跟着教师听着音乐做动作。

（三）放松活动——我们都是木头人

师：小朋友们，我们今天学习了新的本领，一个个把武术动作做得真好。我们再来变一变，变成木头人，把你最喜欢的武术动作变出来吧。

【活动延伸】

在日常活动、户外活动中跟着音乐练习。

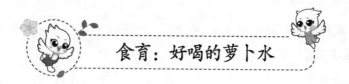

食育：好喝的萝卜水

【活动目标】

（1）知道白萝卜是冬季离不开的蔬菜之一，白萝卜炒制、煮水后饮用有化痰止咳等功效。

（2）了解萝卜水的制作过程，愿意参加动手洗萝卜活动。

（3）知道饮用萝卜水是有益健康的。

【活动准备】

（1）经验准备：幼儿认识白萝卜。

（2）物质准备：白萝卜、萝卜水制作视频。

【活动过程】

（一）出示白萝卜，引发幼儿活动兴趣

（1）师：请你们说一说，这是什么？可以怎么吃？

（2）师：你在哪里吃过？

（二）了解萝卜水制作过程

（1）师：我们在幼儿园里经常喝萝卜水，它是怎么做出来的呢？

教师鼓励幼儿猜测讲述。

（2）师：萝卜水喝起来是什么味道？里面有什么？甜甜的，加了什么？你喜欢吗？

（3）教师播放制作萝卜水的视频，帮助幼儿了解制作萝卜水的过程。

（4）教师通过提问，帮助幼儿了解制作萝卜水的过程。

（三）探讨萝卜水的功效

（1）师：我们为什么要喝萝卜水呢？

师：白萝卜是我们冬季经常吃的蔬菜，它的作用可多了，如消除积食、通气除涨等。白萝卜煮水之后，小朋友们饮用了可以化痰止咳。

（2）师：萝卜水有特殊的味道，你喜欢吗？是不是不喜欢就不喝了？

师：虽然萝卜水的味道没有饮料的味道好，但萝卜水是健康食品，我们一定要饮用萝卜水。

（四）实践活动：清洗萝卜

把白萝卜清洗干净，送到工作坊煮水，然后大家一起喝。

【活动延伸】

幼儿和爸爸、妈妈一起观察生活中还有哪些食材可以煮水喝，有助于我们的身体更健康。

小班·下学期

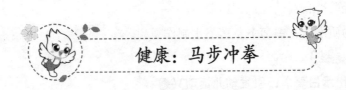

健康：马步冲拳

【活动目标】

（1）掌握武术中扎马步的要领，并能控制自己的身体不晃动。

（2）学习马步冲拳，冲拳时保持扎马步的动作且冲拳快、准、稳。

（3）体验学习武术的兴奋和紧张，懂得保持身体重心的稳定。

【活动准备】

（1）经验准备：幼儿已学习过立正冲拳，初步了解过扎马步的动作要领。

（2）物质准备：幼儿的着装、鞋子应方便、舒适，适合做各项武术运动。

【活动过程】

（一）开始部分

（1）教练、幼儿互相行抱拳礼，问好。

（2）热身部分：教练带领幼儿做颈部拉伸、肩部拉伸、掌拉伸、左右弓步压腿等准备动作。

（3）练习部分：教练带领幼儿温习对"拳"的认识，巩固幼儿对立正冲拳的掌握，并着重强调"冲拳"的要领。

（二）基本部分

（1）教练讲解扎马步的动作要领，并指导幼儿练习扎马步，提醒幼儿保持自己不坐在地上。

第一步：双脚外开15度，与肩膀同宽，然后慢慢蹲下。

第二步：双脚脚尖开始转向前。

第三步：重心下移，逐渐蹲深。

（2）马步冲拳：教练和幼儿共同扎马步，学习马步冲拳（向前），要求冲拳快、准、稳，拳心向下，切记不能来回摇晃。

（3）教练和幼儿反复练习马步冲拳，并试着边出拳边喊口号：嘿—哈、嘿—哈。

（三）结束部分

（1）组合练习：立正冲拳、马步冲拳。

（2）教练组织幼儿进行放松训练，做各个关节的舒展动作，幼儿之间捶一捶腿、捏一捏胳膊等。

（3）教练、幼儿互相行抱拳礼说再见。

【活动延伸】

（1）请幼儿和家长一起来练一练武术冲拳，在练习的过程中，一定要注意领悟动作要领，有效地练习武术，以增强体质。

（2）提倡家长带领幼儿参观少林寺，感受登封的武术文化环境。

健康：功夫宝宝翻跟头

【活动目标】

（1）通过观察图片，探索翻跟头的动作要领，大胆尝试翻跟头。

（2）体验翻跟头游戏的乐趣，喜爱少林功夫。

【活动准备】

（1）经验准备：幼儿有武术造型的经验。

（2）物质准备：地垫地面，功夫动作的图片三组。

【活动过程】

（一）谈话导入

师：你们喜欢武术吗？谁能给大家展示一个武术的造型。

（二）热身活动

功夫宝宝武术操。

（三）通过图示，探索功夫宝宝翻跟头的动作要领

（1）师：今天有一位功夫宝宝要教给我们新的功夫，请大家看看是什么？请欣赏视频翻跟头。

师：视频中的幼儿在干什么？怎么做的？

（2）教师出示图示，幼儿探索动作要领。

（3）师幼总结动作要领，边说儿歌边练习。

（4）幼儿在教师指导下，自由练习翻跟头。

（四）功夫宝宝闯关游戏

教师将幼儿分成三组，指导幼儿运用学习的翻跟头本领穿过各个障碍，哪一组的幼儿最先到达终点视为胜利者。

（五）做放松运动，结束活动

师：孩子们，活动了这么久，我们一起跟着音乐放松一下吧！

【活动延伸】

在家时，幼儿在爸爸、妈妈的帮助下进行安全练习。

我爱"吃"登封小吃

小班·上学期

社会：好吃的烩面

【活动目标】

（1）初步尝试做烩面，体验甩烩面、拉烩面的乐趣。

（2）知道烩面是登封的特色美食，感受做登封人的自豪。

【活动准备】

（1）经验准备：幼儿有吃烩面的经历。

（2）物质准备：烩面图片、甩面舞视频、制作烩面的相关材料。

【活动过程】

（一）谈话导入

师：孩子们，你们是哪里人？（登封）我们登封美不美？

师：我们登封不但人美、水美、山美，有许多美食，这些美食吃起来也特别美味，你们知道我们登封有哪些特色美食吗？

（二）出示烩面图片，幼儿欣赏

师：小朋友吃过我们登封的这么多美食，今天老师也带来了一种我们登封的特色美食。看，这是什么？（出示烩面图片）

师：你们吃过吗？在哪里吃的？烩面是什么样子的？你们知道烩面是怎么

制作的吗？里面都放有什么呀？烩面的味道怎么样？（香、鲜、美）

（三）出示烩面片，激起幼儿甩烩面、拉烩面的欲望

师：这么好吃的烩面，小朋友想不想自己做呀？老师今天准备了烩面片，怎么样让烩面片变得又长又均匀呢？

教师请个别幼儿上前尝试拉烩面，教师边拉边说要领（慢慢地拉一拉，然后上下甩一甩，手腕用劲，不慌不忙，离身子远一点，拉得薄薄的，均匀一些）

师：我们一起来动手试一试。

（四）幼儿尝试甩烩面、拉烩面，体验其中的乐趣

（1）幼儿分组进行甩烩面、拉烩面的实物操作。

（2）个别幼儿分享甩烩面、拉烩面的感受。

（五）观看《中国舞面》视频，感受甩烩面、拉烩面的另一种境界

师：小朋友做得和说得都非常好，我们一起来看一看厨师是怎样甩烩面、拉烩面的吧！

（六）师幼共同分享自己做好的烩面

师：好了，我们的烩面也熟了，大家一起来品尝美味的烩面吧！

【活动延伸】

请家长带孩子品尝更多的登封美食。

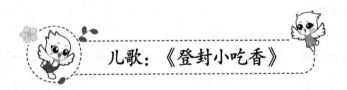

儿歌：《登封小吃香》

【活动目标】

（1）通过观察、讨论登封小吃烧饼、烩面、芥丝，了解登封的特色小吃，尝试用圆圆的、长长的、细细的、焦又香、鲜又香、辣（余）又香等词语描述其特点，初步理解儿歌内容。

（2）借助图片学习儿歌，并通过与教师的对话练习和动作辅助来学习、记忆儿歌。

（3）乐于参与讨论，喜欢参与儿歌活动。

【活动准备】

（1）经验准备：幼儿有吃烩面、芥丝、烧饼的经历。

（2）物质准备：幻灯片、烧饼、芥丝、烩面。

【活动过程】

（一）谈话导入

师：小朋友们闻一闻这是什么味道，猜猜张老师给大家带来了什么？

（二）通过观察、讨论三种小吃，引导幼儿说出儿歌内容，初步理解儿歌内容

（1）教师根据幼儿的猜测出示三种小吃，引导幼儿说出烧饼、烩面、芥丝的特点，如圆圆的烧饼、长长的烩面、细细的芥丝等，并用完整的话说出来。

（2）教师通过谈话调动幼儿已有经验，引导幼儿回忆三种小吃"焦""鲜""辣（余）"的特点，使幼儿在理解的基础上学会说焦又香、鲜又香、辣（余）又香。

师：它是什么味道？烧饼的上面有什么？吃起来怎么样？烩面的汤是什么做的？喝起来味道怎么样？芥丝是什么味道的？

（3）师：我们登封的小吃还有什么呢？（出示各种小吃的图片）

师：我们登封有这么多好吃的小吃，作为登封人，你感受怎么样？我们作为主人要欢迎来自四面八方的客人来品尝我们的小吃。

（4）借助图谱学说儿歌。

①师：张老师把这些好吃的东西编成了一首儿歌，我们来听一听。

②看图片说儿歌。

③用对话的形式说儿歌。

（三）小结

师：今天我们学习了关于登封小吃的儿歌，我们登封的特色小吃还有很多，下一次我们再来品尝和认识吧！

【活动延伸】

在活动区域中投放登封小吃图片，幼儿可以根据图片内容尝试进行儿歌创编。

附：

登封小吃香

圆圆的烧饼焦又香，

长长的烩面鲜又香，

细细的芥丝辣（籴）又香，

登封小吃多又香，欢迎大家来品尝。

小班·下学期

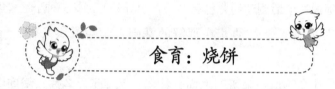

食育：烧饼

【活动目标】

（1）在观察中了解登封特产烧饼的基本特点是圆圆的、扁扁的，上面有许多芝麻。

（2）通过捏、揉、压扁的方法，初步体验制作烧饼的过程。

（3）感受制作登封特产烧饼的快乐。

【活动准备】

（1）经验准备：幼儿吃过或见过登封特产烧饼。

（2）物质准备：面、油、盐、芝麻、电饼铛。

【活动过程】

（一）教师出示烧饼，请幼儿说一说烧饼是什么样的

（1）教师引导幼儿做烧饼送给伙伴吃。

师：小朋友看看老师手里拿的是什么？谁来说说烧饼是什么样的？（圆圆的、扁扁的，上面还有许多芝麻）我们来做一盘烧饼给自己吃吧！

（2）师：谁知道烧饼是怎么制作的？

（二）教师看示意图示范烧饼的制作方法

师：老师把制作烧饼的步骤画了下来，先看老师做好吗！我们先把面团放在手心里团圆，嘴念："团圆团圆，团成一个元宵。"再用手心压扁，嘴念："压扁压扁，压成一块大饼。"再拿一小块的面团蘸一些油盐，捏捏，团团，团成一个大圆宵，最后撒上芝麻，香香的烧饼就做好了。

（三）幼儿练习制作烧饼，教师巡回指导

请幼儿一定要一步一步来，记不住的可以看着示意图做。

（四）结束：烘烤并分享烧饼

师：我们将做好的烧饼拿来烘烤吧。一会儿我们互相分享，看谁做的烧饼最好吃。

【活动延伸】

把烧饼的制作步骤图投放在泥工区，幼儿可以在区域活动时继续制作。

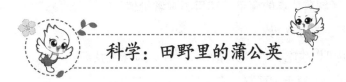

科学：田野里的蒲公英

【活动目标】

（1）知道蒲公英是登封本地的一种草本植物，有很特别的花朵，其茎、叶子、根都具有药用价值。

（2）尝试用自己的语言来表达自己对蒲公英的认识。

（3）愿意对周边田野里的植物进行观察。

【活动准备】

（1）经验准备：幼儿见过、吹过蒲公英。

（2）物质准备：蒲公英课件、照片。

【活动过程】

（一）猜谜语，引发幼儿活动兴趣

（1）师：有一种植物，就像一个毛茸茸的圆球，风一吹，这些绒毛就随风飘呀飘，飘到哪里就在哪里安家。你们想知道这是什么植物吗？

（2）教师出示蒲公英图片，让幼儿观察。

（二）认识蒲公英的外形特征

1. 出示蒲公英（花）

（1）师：蒲公英的花是什么颜色的？（黄色）花朵是什么形状的？

（2）教师引导幼儿观察、认识蒲公英花的外观特点。

2. 观察、认识蒲公英的叶、茎特点

师：蒲公英的叶子是什么样的？（蒲公英的叶子是绿色的、锯齿形的，断开后有白色的汁液）它的茎是什么样子的？

3. 出示照片：蒲公英（种子）

师：你们知道这是什么吗？这个毛茸茸的圆球就是蒲公英的种子。

4. 蒲公英生活在什么地方

蒲公英是一种野生的草本植物，生长在路旁、田野、山坡。蒲公英的种子随风飘落到什么地方，就在什么地方安家。

（三）了解蒲公英的食用、药用、观赏价值

（1）蒲公英能吃吗？

蒲公英可以生吃、炒食、做汤、烩拌，风味独特。

（2）蒲公英属于中药材，有清凉、祛毒的作用。

（3）蒲公英的花非常漂亮，可供人们观赏。

【活动延伸】

倡导家长利用节假日带幼儿到大自然中探寻蒲公英等野生食材，观察不同的草本植物。

我爱"赏"嵩山文化

小班·上学期

豫剧欣赏：唱大戏

【活动目标】

（1）了解豫剧是戏曲的一种，感知豫剧中人物的外形、演唱、服装等的特征。

（2）通过尝试模仿和表演豫剧，体验豫剧欣赏和表演带来的乐趣。

（3）萌发喜爱豫剧的情感。

【活动准备】

（1）经验准备：幼儿欣赏过戏曲。

（2）物质准备：豫剧的视频片段、豫剧人物的图片、服装水袖。

【活动过程】

（一）出示豫剧剧照，引发幼儿活动兴趣

师：小朋友见过他们吗？他们身上的衣服与我们现在穿的衣服有什么不同？我们经常在电视里看到演员穿着这种特殊的服装，带上好看的道具，边唱边做动作，这就叫作戏曲表演，我们看见的这种戏曲叫作豫剧。

（二）幼儿看视频，欣赏、体验豫剧艺术形式

1. 幼儿欣赏人物的造型，找出特点

师：他们的衣服和我们的衣服一样吗？哪一点不一样？他们的脸上画着什

么样的妆？

2.欣赏、感受豫剧的唱腔

师：他们唱的和我们平时唱的歌一样吗？你在哪里听到过？这种唱腔就叫作豫剧，属于戏曲的一种。

（三）尝试模仿、表演

请幼儿戴上水袖，模仿豫剧中的动作，体验豫剧的独特艺术形式。

【活动延伸】

在区域中投放戏曲的道具、服装，供幼儿模仿、表演。

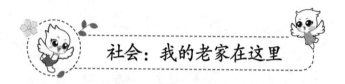

社会：我的老家在这里

【活动目标】

（1）初步认识登封地图，并学习在登封地图上指认自己老家的位置。

（2）通过对自己老家位置的辨别，知道登封主要乡镇的名称及位置。

（3）感受祖国的广阔天地，热爱自己的家乡。

【活动准备】

（1）经验准备：幼儿知道自己老家的名称。

（2）物质准备：放大的登封市、郑州市、河南省的地图。

【活动过程】

（一）谈话活动：我的老家

（1）师：我们这里大部分都是登封的小朋友，你知道自己是登封哪个地方的人吗？

（2）引导幼儿根据自己的经验进行回答。

（二）认识老家在登封地图上的位置

（1）教师站立在登封市地图旁边：有谁知道这是什么？它是哪里的地图？像什么？（不强调固定答案）

（2）师：有谁知道咱们幼儿园在什么地方？请上来指一指。

请几位幼儿依次上来指认幼儿园所在的位置，最后教师告知幼儿位置。

（3）幼儿依次报出自己老家的名称，并辨认位置。

（4）师：我们登封市的地图轮廓像什么呢？（启发幼儿大胆想象，当幼儿说像什么的时候，教师要请幼儿说清楚"从什么方位看，像什么"）

（三）认识郑州市、河南省、中国的地图

（1）教师站在郑州市地图旁边：刚才我们知道了我们老家是登封的一个部分，我们登封又是郑州市的一个部分，再大一些是河南省、中国。

（2）师：我们的祖国好大啊，现在我们回家吧，回到我们登封来。

（3）幼儿尝试在登封市地图上找出自己老家所在地的位置，并集体验证。

【活动延伸】

家长带领幼儿念一念地名，如大金店、卢店、宣化等，问幼儿："你还能记住更多的地名和它们的位置吗？"

小班·下学期

音乐欣赏：唢呐声声

【活动目标】

（1）在音乐中感受唢呐的音色特点，知晓唢呐是传统的民间乐器。

（2）初步认识唢呐，感知、体验唢呐的音乐表现力，并尝试用语言或动作表达自己的感受与理解。

（3）体验唢呐所表现的喜庆、欢快的氛围。

【活动准备】

（1）经验准备：幼儿参加过婚庆等庆典类活动。

（2）物质准备：唢呐、庆典类场面图片、音乐《百鸟朝凤》。

【活动过程】

（一）初步感受唢呐独特的音乐表现力

1. 播放婚庆场面图片、音乐，幼儿边看边听

师：这是在干什么？人们脸上的表情是怎样的？

2. 感受音乐中唢呐的音色

师：你听到了什么？听到这个音乐时你想干什么？

3. 出示唢呐图片，认识唢呐

师：这件乐器叫作唢呐，是传统的民间乐器，它发出的声音和老师弹奏钢琴的声音一样吗？

（二）借助图片，理解、感受唢呐表现出的喜庆、热闹氛围

（1）教师出示逛庙会、开业庆典的图片。

师：你觉得这个时候人们的心情是怎样的？表情应该是什么样的？

（2）教师播放唢呐音乐，鼓励幼儿加上动作。

师：可以用什么动作表示自己很开心？请你来做一做。

（3）师：你还在什么时候、什么地方听过吹唢呐？

（三）跟音乐做动作

师：我们的唢呐多好听啊，我们一起听着唢呐声，做着开心的动作去逛庙会吧。

【活动延伸】

可在活动区域中投放不同民间乐器图片、实物，引导幼儿进一步了解民间乐器。

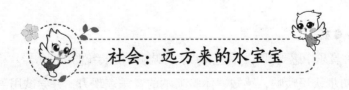

社会：远方来的水宝宝

【活动目标】

（1）知道缺水给人们生活带来的影响，了解登封缺水的现状，认识到我们的生活离不开水。

（2）知道南水北调工程的重要性、及时性，为自己的幸福生活感到自豪。

（3）知道一些节约用水的具体方法。

【活动准备】

（1）经验准备：幼儿了解生活中离不开水。

（2）物质准备：南水北调工程视频、缺水图片。

【活动过程】

（一）了解人们的生活离不开水

（1）通过提问引发讨论。

师：水可以用来做什么？（水可以用来洗脸、刷牙、洗衣服、做饭等。渴了要喝水，有水可以游泳……）

（2）师小结：除了人类离不开水之外，动物也需要喝水，植物生长也离不开水。离开了水，它们会变成什么样呢？

（二）图片观察，萌发节约用水意识

（1）水对我们来说太重要了，让我们一起来看一看，没有了水，我们的生活会变成怎样？教师播放图片，让幼儿了解缺水的危害。

（2）通过提问引导幼儿思考。

师：缺水会给我们的生活带来哪些不方便？（教师出示相关图片帮助幼儿回忆）

（3）水资源在减少，无数生命受到了死亡的威胁，我们可以做些什么？（萌发幼儿节约用水意识）

（三）了解登封的南水北调工程

师：我们登封的水资源非常缺乏，许多地方严重缺水，为了解决吃水、用水问题，很多的叔叔、阿姨想出了办法。

（1）教师播放视频，让幼儿了解南水北调工程。

师：这些水是从很远的地方来到我们登封的，我们应该怎样用水？

（2）想一想、说一说节约用水的方法。

请幼儿讨论节约用水的方法，以及生活中哪些行为是节约用水的行为。

（3）南水北调工程的实施，使我们的生活更加幸福。

【活动延伸】

家人与幼儿一起讨论在日常生活中如何节约用水，并付诸实际行动。

我爱 "玩" 民间游戏

小班·上学期

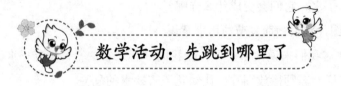

数学活动：先跳到哪里了

【活动目标】

（1）能感知4以内数量及数量与数字的联系，并学习和比较4以内数量的多少。

（2）通过分组游戏，学习边操作边讲述，根据数字的不同判断自己的操作步数。

（3）乐意参与活动，体验成功后的乐趣。

【活动准备】

（1）经验准备：幼儿初步认识数字1～4。

（2）物质准备：自制大沙包（四面分别贴数字1～4），少林寺（1）、中岳庙（2）、观星台（3）、三皇寨（4）4个景点标志。

【活动过程】

（一）出示大沙包，引发幼儿活动兴趣

（1）师：我有个骰子（大沙包），它可神奇了，里面藏着许多好玩的地方。（边扔骰子，边念数字）

（2）幼儿分别扔沙包，根据扔出的数字找到自己的小组（共4组）。

（二）分组来玩游戏"看谁先到"

（1）幼儿分组排纵队站到起点上，每次一名幼儿扔沙包，根据扔出的数字来进行跨步。

（2）教师提醒幼儿，每一次扔出的数字要看仔细，才能跨出相应的步数。请一个幼儿扔骰子，另一个幼儿点数（引导幼儿感知数量及数量与数字的联系）。

（3）看哪一组跨出的步数最多、走得最远，最先到达自己组的景点标志？

（三）放松活动

跟着音乐进行景点游览，散步放松。

【活动延伸】

请幼儿在生活中找一找数字，并感受数字给生活带来的便利。

小班·下学期

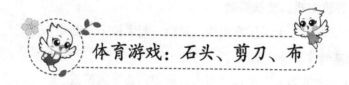

体育游戏：石头、剪刀、布

【活动目标】

（1）学习用脚玩石头、剪刀、布的方法，在说出最后一个字的时候做出动作。

（2）通过玩游戏，巩固走、跑、跳基本动作并提升动作的灵敏性、协调性，能快速反应，与同伴进行游戏。

（3）乐于参与游戏，体验和同伴一起游戏的乐趣。

【活动准备】

（1）经验准备：幼儿会玩手指游戏"石头、剪刀、布"。

（2）物质准备：活动场地画出起点、终点。

【活动过程】

（一）复习玩手指游戏"石头、剪刀、布"的规则

（1）师：小朋友有没有玩过"石头、剪刀、布"的游戏，怎么玩？（幼儿复习游戏规则：石头赢剪刀，剪刀赢布，布赢石头）

（2）师：今天我们要玩"石头、剪刀、布"的游戏，不过我们今天要用脚来做石头、剪刀和布。

（二）学习新的游戏，熟悉游戏规则

（1）学习新的动作：两脚左右开立表示布，两脚并立表示石头，两脚前后开立表示剪刀。

（2）熟悉游戏规则：两个人一起玩，在起点处面对面。幼儿先原地一边跳一边喊"石头、剪刀、布"。喊到最后一个字时幼儿各自做动作，如果两人动作一样就重来。谁赢了就向终点处跨一步，谁先到终点就是谁赢。

（三）幼儿游戏，教师指导

（1）教师组织幼儿两两结伴游戏。

（2）教师提醒幼儿一定要在说出最后一个字时做动作。

（3）教师提醒幼儿跨步时注意安全。

（四）评价游戏，放松活动

师：小朋友们今天反应都很快，我们一起来拉个圆圈走一走吧！

【活动延伸】

鼓励幼儿尝试多人一组玩"石头、剪刀、布"的游戏。

我爱"知"农作物

小班·上学期

科学：花生长在哪里

【活动目标】

（1）了解花生的生长过程，积极参与活动，探索花生生长的过程。

（2）通过观察图片，尝试对花生生长过程进行正确的排序。

（3）了解更多长在地下的常见农作物。

【活动准备】

（1）经验准备：幼儿认识花生。

（2）物质准备：花生生长过程图片以及红薯、玉米、芝麻的图片。

【活动过程】

（一）出示图片，提问引发幼儿活动兴趣

小朋友，花生是生长在什么地方的呢？

（二）结合图片幼儿进行探究活动

1. 尝试图片排序

教师提供花生的生长过程图片，并请幼儿尝试排一排花生的生长过程图片。

2. 了解花生的生长过程

教师利用课件，帮助幼儿了解花生的生长过程。

119

师小结：我们把花生种在地里，慢慢地，花生苗就长出来了，长大后叶子越来越多，慢慢地开花了，最后长出了许多小小的花生，等花生长大后，成熟了，就可以拔出来吃了。

（三）学习儿歌，巩固掌握花生的生长过程

1. 教师朗诵儿歌

长啊长，小小花生吐小芽，小芽长大开出花，结成花生在地下。

2. 教师通过提问，帮助幼儿理解儿歌

教师带领幼儿看图朗诵儿歌，进一步感知花生是长在地下的。

【活动延伸】

除了花生的果实是在地底下的，还有什么农作物也是这样的呢？教师根据本地生产的农作物引导幼儿重点探究。

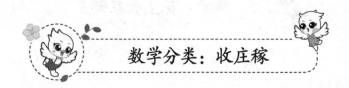

数学分类：收庄稼

【活动目标】

（1）尝试用语言表达出农作物玉米、花生、豇豆的不同，学习按照颜色、形状进行分类摆放。

（2）通过观察、操作活动，感知不同农作物不同的外形特征（颜色、形状）。

（3）乐意参加分类活动，体验数学分类的乐趣。

【活动准备】

（1）经验准备：幼儿认识玉米、花生等农作物。

（2）物质准备：玉米、花生、豇豆等农作物，小盘子。

【活动过程】

（一）初步感知农作物的不同外形特征

（1）以"丰收的季节"为主题创设活动，引发幼儿活动兴趣。

秋天来了，农民伯伯把地里的庄稼都收回来了，我们也来帮帮忙吧。

（2）请你看一看，农民伯伯都收回来了什么？它们分别是什么？都长得一样吗？

（二）通过游戏感知和体验不同农作物的不同外形特征

1. 师幼一起观察，共同感知农作物不同的颜色、外形

花生和玉米有什么不一样？（教师引导幼儿说出颜色和形状不一样）花生和豇豆都是红色的，为什么不能放在一起？

2. 幼儿操作活动，自主分一分

你认为应该怎样装在盘子里？请你装一装。

3. 请幼儿尝试说出自己的理由

你们有的用2个盘子，有的用3个盘子。请说一说，你是怎么装的？

（三）播放歌曲《秋天真美丽》，体验游戏乐趣

小朋友们今天真认真，把这么多的庄稼都整理得这么好，一起来唱首歌吧。

【活动延伸】

把不同农作物放置在区角，幼儿可根据不同外形特征进行分类、整理。

小班·下学期

美术：玉米贴画

【活动目标】

（1）尝试选择颜色、大小适宜的玉米粒，根据图案轮廓来制作玉米贴画。

（2）通过绘画、粘贴活动，学习运用粘贴玉米粒的方法来表现相应图案。

（3）发现、感受农作物的艺术美。

【活动准备】

（1）经验准备：幼儿见过实物玉米。

（2）物质准备：玉米画成品、各种玉米粒、卡纸、胶水等。

【活动过程】

（一）创设情境，引起幼儿的兴趣

（1）师：秋天是丰收的季节，玉米都成熟了。老师用玉米粘贴成了一幅幅精美的图画，我们一起来欣赏吧。

（教师展示玉米画作品，幼儿欣赏。）

（2）师：这种用玉米粘贴的画我们称为"玉米贴画"。

（二）师友共同探究制作方法

（1）师：怎样制作精美的玉米贴画呢？想一想，先做什么？再做什么？

①选择底板颜色；②画轮廓线；③选择玉米；④贴玉米。

（2）师：好，孩子们，你们已经了解了制作步骤，那么你们准备制作一个什么样的作品呢？请大家讨论一下。

（三）幼儿进行创作，教师参与指导

教师交代要求，幼儿自己制作，教师巡回提醒幼儿注意画面的布局构图。

（四）幼儿展示介绍自己的作品

幼儿互相欣赏，讲述自己喜欢的玉米贴画。

【活动延伸】

在美工区可投放一些麦子、红豆等材料，方便幼儿尝试制作不同的贴画。

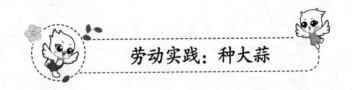

劳动实践：种大蒜

【活动目标】

（1）观察、认识大蒜，学习用简单的语言讲述对大蒜的认识和发现。

（2）在操作活动中尝试用"按、压"的方法种植大蒜，了解植物的生长需要阳光、空气、水。

（3）乐意参加种植活动，愿意照料大蒜并关注大蒜的生长。

【活动准备】

（1）经验准备：幼儿认识大蒜。

（2）物质准备：大蒜、装好松软泥土的废旧杯子、小水壶。

【活动过程】

（一）教师直接出示大蒜，引导幼儿认识大蒜的外形特征

1. 教师出示大蒜，引导幼儿观察

师：小朋友，这是什么呀？谁认识它？你在哪儿见过呢？

2. 教师引导幼儿从颜色、形状上认识大蒜的外形特征

师：请你看看大蒜是什么样子的？像什么？

3. 剥大蒜，引导幼儿进一步认识大蒜

师：请你们把大蒜掰开，看一看，它是什么样的？和刚才的大蒜有什么不一样的地方？

4. 请幼儿上前摸一摸、闻一闻，并说说自己的感受

师：摸上去感觉怎样？有什么气味？

（二）学习种植大蒜的方法

（1）教师引导幼儿讨论种植大蒜需要的材料和器具。（器皿、土、洒水壶等）

师：你会种大蒜吗？我们种大蒜时需要什么材料和器具？

（2）教师引导幼儿自由讲述如何种植大蒜。

师：如果请你来种大蒜你会怎样做？

（3）教师小结、示范种大蒜的方法。

种大蒜分三步：第一步，选择种植需要的材料和器具；第二步，找出大蒜根部，把大蒜头的根须朝下，用手将其按到土里，轻轻地把泥土压在大蒜身上；第三步，给大蒜浇水，再将种好的大蒜端平摆在户外平台上。

（4）请个别幼儿进行示范，和老师一起种大蒜。

（三）幼儿尝试种植大蒜

（1）教师讲解种植要求与注意事项。

师：在种大蒜的时候要把大蒜的尖头朝上，把大蒜按在土里，要保持地面干净。

（2）幼儿分组自由种植大蒜，教师巡回指导。

（四）活动评析和小结

（1）展示幼儿的种植结果，引导幼儿观察。

（2）给大蒜浇水，再将种好的大蒜平摆在户外平台上。

【活动延伸】

将种植的大蒜摆放到自然角，并让幼儿日常观察、管理，同时，把大蒜的生长情况拍照，按顺序贴在墙上，帮助幼儿了解大蒜的生长过程。

我爱"看"风景名胜

中班·上学期

线描画：塔林

【活动目标】

（1）能通过欣赏，了解塔林中塔的不同建筑风格，初步用绘画的方式表现塔。

（2）能结合自己的生活经验，在绘画创作中大胆描绘塔的样子。

（3）能感受家乡塔林的不同的建筑美。

【活动准备】

（1）经验准备：幼儿参观过塔林。

（2）物质准备：有关塔林的图片、记号笔、油画棒、画纸。

【活动过程】

（一）谈话活动，引入主题

师：我们是哪里人？我们的家乡在哪里？你知道我们登封有哪些旅游景点吗？

（二）出示塔林图片，引导幼儿观察

（1）师：你看到了什么？塔林里面的塔叫什么塔？

（2）师：塔林里的塔有什么地方不一样？

（3）师：塔林里有多少座塔？

（4）师小结：塔越高，僧人的地位越高，塔林的塔都是单层塔，有一层、三层、五层、七层，最高不能超过七层。

（三）出示单个塔，引导幼儿欣赏不同塔的建筑特点

（1）观察行正禅师塔。

师：塔是什么样子的？像什么？从下往上，塔身有什么变化？

师小结：介绍塔的结构，包括塔刹、塔身、塔基、地宫。

（2）欣赏不同的塔，感知塔的多样。

（3）这几种塔有什么不一样的地方？分别像什么？

（4）塔身是什么形状的？塔刹是什么形状的？

（5）你觉得哪一种塔最特别？为什么？

（四）幼儿作画，教师巡视观察指导

（1）教师鼓励幼儿大胆作画，巡回指导。

（2）教师重点指导能力较弱的幼儿。

（五）展示幼儿作品，师幼共同评价

请幼儿把设计好的宝塔都放在黑板上，组成成片的塔林，供大家观赏，相互学习。

【活动延伸】

教师将有关塔林的图片投放在区域里供幼儿继续创造。

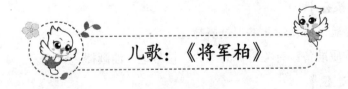

儿歌：《将军柏》

【活动目标】

（1）通过观察图片内容，大胆表达自己的想法。

（2）能根据故事内容，理解词语"羞愧""先入为主"的含义。

（3）感受家乡的悠久历史文化，增强热爱家乡的情感。

【活动准备】

（1）经验准备：幼儿看过将军柏，掌握大、小的概念。

（2）物质准备：嵩阳书院图片、课件、快板。

【活动过程】

（一）和幼儿谈话，引发幼儿活动兴趣

（1）师：你去过嵩阳书院吗？里面有什么？

（2）教师鼓励幼儿大胆地讲述自己的所见所闻。

（3）教师小结：嵩阳书院是一个有着悠久文化历史的地方。

（二）幼儿观察将军柏图片，并大胆讲述自己的发现

1. 观察第一棵柏树

师：这是一棵什么样的树？它和平时的树木有哪些不一样的地方？（又粗又大）

教师鼓励幼儿用不同的语言进行描述，也可以用动作来表示。

2. 观察第二棵柏树

师：它是什么样子的？讲一讲，也可以用动作表演一下。

师小结：这两棵都是柏树，却具有不同的外部特征。

（三）通过对故事情节、内容的猜测，理解词语"羞愧""先入为主"的含义

（1）它们有个很神气的名字——"将军柏"，这是古时的一个皇帝封的。你觉得，哪个是大将军？哪个是二将军呢？你是从哪里看出来的？

（2）幼儿通过观看对比图片课件，讲解自己的看法。

（3）讲述故事，理解词语含义，并迁移幼儿经验。

师：为什么小的树却被封为大将军？皇帝再往里走，看到更大的树，心里是怎么想的？被封为二将军后，这棵树是怎么想的？大将军有什么感觉？

师小结：我们第一眼看到的，不一定就是最好、最美的。我们不管做什么事，都要谦虚，保持积极向上、乐观的态度。

（四）根据故事大意，学习儿歌，朗诵儿歌

（1）教师在说儿歌时，放慢速度，同时做动作，帮助幼儿轻松地记忆儿歌内容。

（2）鼓励幼儿大胆地表演儿歌，边做动作，边说儿歌。

【活动延伸】

在区角中投放图片，引导幼儿进一步探索。

附：

将军拍

大封小，小封大。大将军羞愧头耷拉，二将军气的肚子炸。先入为主成笑话。

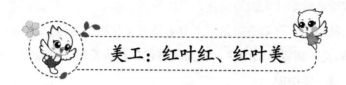

美工：红叶红、红叶美

【活动目标】

（1）通过观察图片，知道叶子的基本结构。

（2）通过画、剪、贴叶子来表现嵩山红叶的美。

（3）在欣赏红叶的过程中进一步了解家乡美景。

【活动准备】

（1）经验准备：幼儿观赏过嵩山红叶。

（2）物质准备：嵩山红叶图片、巧虎图片。

【活动过程】

（一）教师出示巧虎图片，引出嵩山红叶

师：今天我们班来了一位小客人（巧虎），他说登封是个美丽的地方，他来旅游，还照了许多的照片，想请你们看一看他照的是哪些美景。

（二）教师出示嵩山红叶图片，幼儿一起欣赏

（1）师：你看到了什么？你知道这是哪里吗？（嵩山红叶）

（幼儿自由发言）

（2）师总结：每到秋天，嵩山就会有出漫山遍野的红叶，许多国内外游客会到我们登封来赏嵩山红叶，这是我们登封的骄傲。

（3）你看到这满山红叶，心里有什么感觉？

（三）了解叶子的主要结构，为幼儿作画做准备

师：巧虎说他想把美景红叶留在我们班，可是他只留下了树枝，请小朋友

帮忙把红叶添上去，你们能做到吗？那我们看嵩山红叶是什么样的？教师带领幼儿认识叶脉、叶面、叶柄。

（四）幼儿开始作画，教师巡回指导

（1）教师介绍作画材料，并重点示范如何剪，以及卫生要求。

（2）幼儿作画时教师巡回指导。

（五）制作并欣赏作品

请幼儿将作品粘贴在准备好的"树枝"上，形成一幅画；引导幼儿欣赏作品。

【活动延伸】

（1）请幼儿带着自己的画，和小朋友们共同交流：哪一幅画最漂亮？都用了什么颜色？

（2）共同分享快乐：跟随音乐，用肢体动作扮演红叶，大家一起快乐地舞蹈。

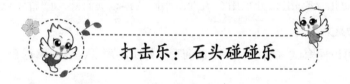

打击乐：石头碰碰乐

【活动目标】

（1）感知石头的基本特性，初步体验石头与金属敲击发出的不同声音。

（2）在音乐伴奏下，学习用石头敲击简单的节奏。

（3）感受石头打击乐的乐趣。

【活动准备】

（1）经验准备：幼儿本学期学过一些歌曲。

（2）物质准备：幼儿人手两块鹅卵石、一件金属物品（小勺、铁块、铁皮罐等），幼儿座位呈U形。

【活动过程】

（一）感知石头的一些基本特性

（1）教师引导幼儿观察并发现石头不同的颜色、形状、质感，对石头的基本特性有一定的了解，为后面的环节做好铺垫。

（2）介绍石头的本领——碰碰响。

（二）感知石头与金属物品敲击发出的不同声音

（1）操作探究：小石头与××碰一碰，听一听，会发出什么样的声音？

（2）幼儿自由操作，教师个别指导，引导幼儿之间互相借鉴与简单交流。

（3）请个别幼儿讲述小石头与××物品碰撞发出什么样的声音。

（4）比较并判断：小石头敲击不同金属物品，发出的声音一样吗？小石头和什么东西碰一碰，发出的声音最好听？

（三）尝试用"小石头乐器"进行节奏乐演奏

（1）教师介绍"小石头乐器"，并教会幼儿正确地抓、握石头演奏的方法。

（2）教师提醒幼儿使用"小石头乐器"时，需要用正确的方法，不能胡乱敲击，同时需要保护自己的小手与身体。

（3）播放幼儿熟悉的音乐，选择用不同大小的"小石头乐器"进行演奏。

（4）幼儿分成3组，分别用石头敲击不同物体；随着熟悉的音乐进行演奏。

【活动延伸】

幼儿可以回家试试用小石头乐器演奏更好听的声音，表演给爸爸、妈妈看。

中班·下学期

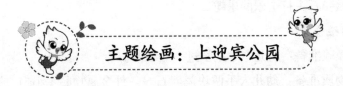

主题绘画：上迎宾公园

【活动目标】

（1）初步尝试运用近大远小的方法来合理安排画面。

（2）结合自己的生活经验，添画相关内容，并初步掌握在砂纸上作画的方法。

（3）通过感受家乡的优美风景，增强热爱家乡的情感。

【活动准备】

（1）经验准备：幼儿熟悉迎宾公园的构造。

（2）物质准备：迎仙阁图片、砂纸、油画棒。

【活动过程】

（一）教师出示图片，和幼儿谈话，引发幼儿活动兴趣

（1）师：这是哪里？

（2）教师鼓励幼儿大胆地讲述自己的所见所闻。

（二）观察图片，并大胆讲述自己的发现

（1）师：为什么迎宾公园看起来会变小了呢？

（2）师：观察近处的树木，是什么样的？

（三）我们一起上迎宾公园挂彩灯并探讨画面的布局

（1）师：迎宾公园的山头高不高？应该画在纸的哪个部位？

（2）师：台阶怎样画？

（3）师：台阶两旁还有什么？

（四）幼儿作画，教师提醒幼儿添画相应的物体，并合理构图

（1）师：请大家先仔细想一想，在公园里可以添画些什么物体？它们的位置应该在哪里？想好了再开始构图。

（2）幼儿设计，教师巡回指导。

（五）展示幼儿作品，相互评价作品

（1）师：你是如何设计的？

（2）师：你喜欢谁设计的公园？为什么呢？大家互相说一说。

【活动延伸】

展示不同角度拍摄的迎宾公园图片，请幼儿尝试描绘出迎宾公园不同的建筑物和景色。

儿歌：《大唐碑》

【活动目标】

（1）了解故事内容，理解词语"愁眉苦脸""土围脖"。

（2）通过提问，愿意大胆猜测，感受劳动人民的勤劳智慧。

（3）萌发爱家乡的情感。

【活动准备】

（1）经验准备：家长带幼儿参观过嵩阳书院，幼儿见过大唐碑。

（2）物质准备：大唐碑图片、故事《大唐碑》。

【活动过程】

（一）通过谈话，引出活动

师：你去过嵩阳书院吗？在那里，你看到了什么？

（幼儿自由说一说）

（二）教师出示大唐碑图片，引导幼儿观察认识

（1）师：嵩阳书院大门西南方，竖立着一块石碑，它的名字就叫大唐碑。小朋友看一看，大唐碑与我们在其他地方见到的石碑有什么不一样？（又高又大、雕刻有花纹、碑身上戴有碑帽）

（2）师：大唐碑立于距今1250多年的唐朝，通高9.02米，宽2.04米，厚1.05米，雄伟壮观，为嵩山地区最大的石碑，因此人们称之为"嵩山碑王"。整个大唐碑重达十数吨。这么大的石碑是怎么立起来的呢？登封民间还流传着一则凄婉美丽的故事呢！你们想不想听？

（三）教师讲述故事前半部分

（1）教师先讲述故事前半部分，然后提问。

（2）师：监工大臣要石匠们做一个什么样的石碑？

（3）师：当碑身立起来，而碑帽戴不上时，监工大臣把谁杀了？

（4）师：石匠们听到监工大臣说"若三天之内再不把碑帽戴上就要被杀

头"时是什么心情？大家一起来学一学"愁眉苦脸""束手无策"的样子。

（四）幼儿积极动脑，想一想戴上碑帽的办法

师：你们有什么好办法帮助石匠们戴上碑帽吗？

（五）教师讲述故事后半部分

（1）教师继续讲述故事后半部分，通过提问帮助幼儿感受劳动人民的勤劳智慧。

（2）师：当石匠们一个个愁眉苦脸、束手无策时，谁来了？

（3）师：石匠们看到老人围着碑身转时对老人说了什么话？（哪里来的师傅？你还是快些走吧！免得在这里跟着我们受灾）他为什么要这样说？

（4）师：老人是怎么回答的？（我这半截子入土的人了，还怕个啥，啥时候土围到脖子上，也就算完事。）

（5）请幼儿学一学石匠和老人的对话。

（6）师：最后石匠们是用什么方法把碑帽戴上的？（"土围脖"）

（7）师：在当时没有机械帮助而全靠人力的条件下，石匠们想出了"土围脖"这个巧妙的方法把那么重的碑帽戴上去，你觉得劳动人民怎么样？

（8）师小结：简直不可想象，在当时没有大型机械帮助的条件下，石匠们仅靠人力把那么重的碑帽用"土围脖"的方法戴到9米多高的碑身上去，我们登封的劳动人民真是既勤劳又有智慧。作为登封人，你感到心里怎么样？

（六）欣赏儿歌《大唐碑》

师：后人根据这个故事编了一首儿歌《大唐碑》，下面我们来听一听——

> 大唐碑，高又大，碑刻中，就属它；
>
> 碑帽重，抬不动，监工头，杀掉仨；
>
> 土围脖，滚动法，戴上帽，土扒下；
>
> 巍巍巨碑立山中，勤劳智慧力量大。

（七）教师小结

我们嵩山地区还有很多历史文物，也有很多反映我们登封劳动人民勤劳智慧的传说故事，以后我们有时间再分享，好吗？

【活动延伸】

教师把相关图片投放在阅读区供幼儿讲述。

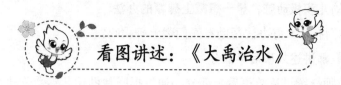

看图讲述：《大禹治水》

【活动目标】

（1）理解故事内容，感受大禹勇敢、坚强、无私的性格特征。

（2）积极参与讨论，能用清楚、连贯的语言表达自己对故事的理解。

（3）喜欢听民间神话故事，有进一步了解民间神话故事的愿望。

【活动准备】

（1）经验准备：幼儿了解洪水的危害。

（2）物质准备：图片、故事、视频。

【活动过程】

（一）图片导入，激发兴趣

（1）教师出示洪水图片：图片中发生了什么事？洪水给人们带来了哪些灾难？

（2）师：你想知道古时候，人们是怎样治理洪水的吗？

（二）听故事，理解故事内容

（1）幼儿听教师讲述故事，初步理解故事内容。

（2）讨论：大禹是怎样治水的？听了故事后，你觉得大禹是个什么样的人？

（3）幼儿观看故事动画，进一步理解故事内容。

（4）师小结：大禹坚持不懈、无私奉献，是一位让人敬佩的英雄。

（三）了解科学防洪的方法

（1）师：你们认为可以用什么合理的方法来治理洪水？

（2）师幼共同通过图片了解科学防洪的方法。

【活动延伸】

收集更多的民间故事。

附：

大禹治水

禹是一位神仙，他来到人间和阿娇姑娘结了婚，住在山洞里。有一年，洪水泛滥，禹告别妻子，号召人和天神们团结起来到会稽山集合，商量治理洪水的办法。

禹在去会稽山的路上遇到乡亲，乡亲告诉他阿娇怀孕了。禹听了很高兴，但是约定的时间快到了，他只好托乡亲转达他对妻子的问候。人和天神都按时赶到了会稽山。禹说："我想应该用疏导的方法，让洪水顺着河道流到大海里。"大家觉得这个办法很好。于是，禹带领众人动手开凿河道，挖出的泥土用来填平洪水冲成的大坑。大家不停地工作，修了一条又一条河道。又是一天，禹带领人们经过自己的家乡。一位乡亲告诉他阿娇生病了，希望他回家去看看。禹也非常想念妻子，可是他想了想说："治水是大家的事，不能因为我而耽搁了大家。"他托乡亲把草药带给阿娇，又和大家一起上路了。禹去疏导另一条河道时，又经过自己的家乡。一位乡亲对他说："阿娇快生孩子了，你快去看看她吧！"禹叹了口气说："不，我回家一天，就耽误一天治水的工作。"禹三次路过自己的家门都没有回家，乡亲们听了这件事十分感动，干起活来更加努力。

禹非常想念妻子，阿娇也非常想念禹。阿娇天天站在山上等禹胜利归来，渐渐地化成了一块岩石。当禹把洪水完全治理好，回到家乡之后，发现妻子已经化成了石头。禹悲痛万分，伤心哭泣，这时石人迸裂，跳出来一个小孩。为了纪念孩子的母亲，禹为孩子起名为启。禹被人们拥戴为领袖，称为大禹王。

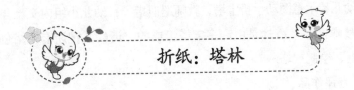

折纸：塔林

【活动目标】

（1）通过看示意图，尝试折出宝塔的形状。

（2）按要求穿插固定层数宝塔。

（3）感受塔林的建筑美和折纸的乐趣。

【活动准备】

（1）经验准备：幼儿有看图示操作经验。

（2）物质准备：折纸示意图一张，折好的宝塔一只，手工纸若干张。

【活动过程】

（一）出示范例作品，引起幼儿兴趣

（1）师：大家去过塔林吗？它的名字为什么叫"塔林"？你们看见过里面的塔吗？你们知道塔林里的塔是什么样子的吗？塔最高多少层呢？

（2）师：塔林的塔都是单层塔。今天老师带来了一个塔，你们想看吗？

（3）教师出示范例作品，请学生观察。

（二）教师根据图示折纸

（1）教师出示折纸示意图：这些线表示什么？箭头呢？请大家仔细观察示意图。教师进行相应讲解。

（2）根据示意图，教师示范折塔。

（3）正方形纸对折再对折，变成小正方形。

（4）将每一面的小正方形打开，变成一个三角形。

（5）沿着上面的三角将四个角上折，然后拉下来变成小方块再折叠。一共是两个面，四个角。

（6）两边再翻转折叠成塔底层，另外一边也这样做，最后塔做好了。

（7）多折几个，示范如何穿插在一起折成多层塔。

（8）按塔林宝塔的层数穿插固定数量。

（三）制作塔林

（1）幼儿看示意图动手折宝塔，教师巡回指导；幼儿小组内交流合作。

（2）教师指导：塔林是由许多宝塔组成的，请幼儿把所有宝塔创造性地粘贴在画纸上，绘制成塔林。

（四）点评作品

展示幼儿作品，并请幼儿相互点评。

【活动延伸】

请幼儿把没有制作完成的塔放在区角，之后继续制作，再放一起拼成塔林。

我爱"练"·少林武术

中班·上学期

健康：猴拳

【活动目标】

（1）通过观看视频、图片及同伴间的分享交流，尝试模仿猴拳的简单动作。

（2）初步了解猴拳的动作特点。

（3）在活动中，愿意模仿猴拳动作，对猴拳感兴趣。

【活动准备】

（1）经验准备：幼儿了解猴子的习性特点，会模仿简单的猴子动作。

（2）物质准备：猴拳视频、图片、音乐。

【活动过程】

（一）热身运动：武术操

教师带领幼儿随音乐做武术操。

（二）欣赏猴拳视频、图片，尝试模仿猴拳的简单动作

（1）师：森林里有一群小猴子，它们每天跟着妈妈一起爬树、摘果子，晚上一起望月、捞水里的月亮……少林寺的一位武僧把猴子的这些动作编成了一套猴拳。咱们一起看一看，说一说你最喜欢哪个动作。（师幼观看视频）

（2）教师提问：你最喜欢哪个动作？我们来模仿一下。（幼儿自由回答）

（3）教师出示图片，幼儿自由选择模仿、交流分享。

师：这些动作是怎么做的？少林寺的武僧给我们送来了4张图片，咱们一起来看一看。（出示图片）

（4）幼儿自由选择动作模仿，教师提醒幼儿注意模仿图片上手和腿的动作。

（5）幼儿分享。

师：你刚才模仿的是哪个动作？是怎么做的？看看他的腿和手是什么样的，和图片上的一样吗？（提醒幼儿全身要绷紧、动作要有力度，注意眼神、表情）咱们一起学一学。

（6）师小结：猴拳是模仿猴子的特长和形态而得来的，我们在做动作的时候一定要屈膝、屈肘、垂腕、耸肩，把猴子的主要特征模仿出来。

师：我们给它起一个名字。你看，这个动作像猴子在干什么？

师：还有谁模仿的动作和他不一样？

（三）幼儿表演

变变变，把自己变成一只小猴子，今天天气好晴朗呀，跟着妈妈一起出去找果子吃吧。

【活动延伸】

了解其他象形拳。

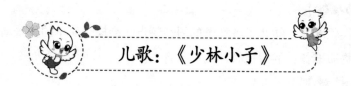

儿歌：《少林小子》

【活动目标】

（1）欣赏视频，理解少林功夫强身健体的作用。

（2）学习儿歌《少林小子》，用动作简单地表演儿歌。

（3）能够理解儿歌内容，学习练武人坚持、刻苦、不放弃的精神。

【活动准备】

（1）经验准备：幼儿欣赏过武术表演。

（2）物质准备：儿歌《少林小子》、视频、PPT。

【活动过程】

（一）认识少林小子，为学习儿歌做铺垫

（1）幼儿欣赏视频《少年中国》。

（2）师：他们在干什么？他们全是来自我们家乡的少林小子。

（3）师：这些少林小子为什么要学习武功？

师小结：武功可以强身健体，保卫家园；见义勇为，帮助弱小；把中国的传统文化发扬光大。

（4）师：他们为什么这么出色，这么棒？（他们每天天不亮就起床，天黑了才休息，从小起早贪黑地练习武艺）

（5）师：他们除了练习武艺还要干些什么？

（6）师：少林功夫闻名世界，很多外国朋友也来我们少林寺学习武艺，那他们说话我们听不懂怎么办？

（7）师：本领学会了，将来长大了干什么？

（二）学习儿歌《少林小子》

（1）师：有个叔叔为了鼓励这些少林小子，编了一首儿歌，听一听，儿歌里怎么说的？

（2）师：你都听到了什么？

（3）师：现在我大声，你们小声，我们一块来说说这个儿歌吧！

（4）师：你们大声，我小声，再来说一次。

（5）师：请加上动作，我们一起来表演儿歌。

（三）结束活动

（1）师：老师今天带来了特别多少林小子在习武时的照片，我们来学一学。

（2）师小结：这些动作好难啊！练武是件非常辛苦的事情。练武的人需要不怕苦，不怕累，坚持，勇敢，努力，不放弃，勤奋，刻苦和长时间的练习，才能够学到本领。

（3）师：那我们小朋友们现在每天都练习基本功，你们感觉怎么样？

（4）师小结：为了能够参加比赛，我们也要像少林小子一样，不怕苦、不怕累，坚持刻苦地练习，好吗？

【活动延伸】

请幼儿互相说一说儿歌，并且在区角中，互相表演少林小子。

附：

少林小子

少林小子了不起，

起早贪黑习武艺。

打打拳来念念经，

还学英语ABC。

问他将来干什么？

参加奥运夺第一。

中班·下学期

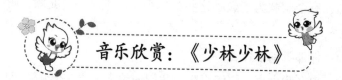

音乐欣赏：《少林少林》

【活动目标】

（1）听音乐《少林少林》，感受并说一说音乐中的武术气势。

（2）尝试用多种形式（如语言、图形符号、动作等）来表现对《少林少林》音乐中情境的理解。

（3）萌发爱家乡、为家乡感到自豪的情感。

【活动准备】

（1）经验准备：幼儿对少林武术有所了解。

（2）物质准备：音乐、纸、笔。

【活动过程】

（一）播放《少林少林》音乐，幼儿初次感受音乐

（1）师：孩子们，今天，老师带来一首音乐，我们一起听一听。（播放《少林少林》音乐）

（2）师：听完这首音乐后你有什么感受？你想到了什么？好像看到了什么？

（二）幼儿再次感受音乐，并把音乐表达的意境画下来

（1）师：刚才小朋友说得都非常好，这次请你听着音乐，把你觉得音乐想表达的意思画下来。（教师循环放音乐，幼儿边听边画）

（2）个别幼儿讲述自己的绘画及这首音乐表达的意境。

（3）师幼小结：小朋友说了自己的感受，看来你们对这首音乐理解得很到位，这首音乐给人感觉很有气势、有力气。这首音乐主要赞美咱们登封少林寺的武术。少林寺的武术历史悠久，非常厉害，有很多人向往来这里练习武术。这么有名的少林寺、少林武术出自我们的家乡登封，作为登封人你觉得怎么样？

（三）鼓励幼儿用动作表示音乐

（1）师：小朋友都觉得听这首音乐时想打武术，那你可以用什么样的动作来表示呢？

（2）幼儿听音乐做动作。

（3）教师根据幼儿的动作及时挑选整理。

师：我看到××的动作，请他来展示一下。

（4）师：我们怎样让我们的动作和音乐结合起来呢？

（5）幼儿尝试将动作和音乐结合起来。

（四）完整欣赏视频音乐《少林少林》

（1）师：刚才咱们欣赏的这首音乐名字叫什么？（《少林少林》）它是电影少林寺的主题曲，刚才听的音乐就截取于《少林少林》这首歌，是这首歌、这部电影让更多的人认识、了解了我们的少林寺。这部电影里还有一首非常有名的歌曲《牧羊曲》。《牧羊曲》和这首音乐的感觉完全不同，有时间我们一起再来欣赏。

（2）师：在我们登封还有很多有名的景点，小朋友有时间可以多看一看，了解一下我们的家乡。

【活动延伸】

请幼儿在表演区认真聆听《牧羊曲》，感受不一样的音乐。

附：

少林少林

少林少林，有多少英雄豪杰都来把你敬仰

少林少林，有多少神奇故事到处把你传扬

精湛的武艺举世无双，少林寺威震四方

悠久的历史源远流长，少林寺美名辉煌

千年的古寺神秘的地方，嵩山幽谷人人都向往

武术的故乡迷人的地方，天下驰名万古流芳

少林少林，有多少英雄豪杰都来把你敬仰

少林少林，有多少神奇故事到处把你传扬

精湛的武艺举世无双，少林寺威震四方

悠久的历史源远流长，少林寺美名辉煌

千年的古寺神秘的地方，嵩山幽谷人人都向往

武术的故乡迷人的地方，天下驰名万古流芳

天下驰名万古流芳，万古流芳，少林少林少林。

社会：少林小导游

【活动目标】

（1）了解登封少林景区是登封市著名的旅游景点。

（2）积极尝试参与介绍少林景区，争当小导游。

（3）进一步加深对家乡的了解和认识，激发幼儿爱家乡的情感。

【活动准备】

（1）经验准备：幼儿参观过少林景区中不同的景点，观看过武术表演。

（2）物质准备：PPT、音乐。

【活动过程】

（一）谈话导入，引出活动内容

（1）师：你们去过少林寺吗？少林寺都有哪些景点？

（2）师：今天，老师带你们一起去旅游。那请谁来当我们的导游呢？

（二）通过图片，了解少林寺的主要旅游景点

（1）教师出示图片，引导幼儿观察。

师：少林寺有哪些旅游景点？你最喜欢哪个地方？为什么？

（2）师幼共同小结，归纳景点的解说词。

（三）争当小导游

1. 情境导入，激发幼儿参加游戏的兴趣

师：我们的少林寺这么漂亮，很多人都想来看一看。可是他们到了我们少林寺后遇到了麻烦，他们不知道少林寺的景点有多少、在哪里，我们能不能帮帮他们呀？怎么帮？

2. 向幼儿介绍导游这一职业

（1）师：旅行社想增加一批小导游，会给能出色介绍家乡的小朋友颁发导游证，你们愿意当导游吗？你们认为小导游要做些什么？

（2）师幼小结：第一，带游客去游览；第二，向游客介绍景点。

3. 幼儿扮演导游和游客，进行情境游戏

（1）师：今天我们是第一次学做小导游，老师在教室周围贴了少林寺各个景点的图片，你们可以挑自己最喜欢的一个景点来介绍一下，我们先请一个小朋友当小导游介绍，当他介绍的时候其他小朋友都当游客。（幼儿选择自己喜欢的景点介绍。）

（2）每个景点选出一名小导游颁发导游证和导游旗。

（3）全班剩余幼儿扮演游客，参观少林寺的各个景点，由选出的小导游分别对各自所负责的景点做简单的介绍。

（4）评选最佳小导游。

【活动延伸】

每个小朋友的表现都很不错，学习当了小导游，认识了少林寺这么多的景点。下次我们可以带爸爸、妈妈或从外地来的亲戚去少林寺玩，再好好地给他们当小导游。

我爱 "吃" 登封小吃

中班 · 上学期

食育：好吃的芥丝

【活动目标】

（1）通过图片，初步了解芥疙瘩的生长过程，认识芥疙瘩。

（2）在亲自动手制作芥丝的过程中，注意使用制作工具时注意安全。

（3）感受动手制作芥丝的快乐。

【活动准备】

（1）经验准备：幼儿品尝过美味的芥丝。

（2）物质准备：制作好的芥丝若干、芥菜疙瘩若干、擦板人手一个、牙签若干、一次性手套每人两个、盐、十三香等。

【活动过程】

（一）品尝芥丝，导入活动

（1）师：孩子们，今天老师给你们带来了一些好吃的，你们看这是什么？

（教师出示芥丝）

（2）师：每张桌子上老师都给你们准备了一些芥丝，你们可以品尝一下它的味道。（幼儿品尝芥丝）

（二）认识芥菜疙瘩

（1）师：芥丝是由什么做成的？我们来认识一下芥菜。

（2）教师出示芥菜，请幼儿观察它是什么形状的。

（3）教师引导幼儿了解芥菜的生长过程：芥菜是怎样长成的呢？老师准备了一些图片，你们来摆一摆，说一说芥菜的生长过程。（每张桌子上放置一组图片，请幼儿摆一摆、说一说）请一个幼儿站起来说一说。

（三）制作芥丝

（1）认识制作工具。

师：你们想不想自己制作芥丝呀？我们先来认识一下要用到的工具。

（2）提出要求：擦板上有一些刀片，小朋友在使用的时候一定要小心，不要让你的手碰到刀片上，以免把手割破、流血，制作前可以先戴上手套。

（3）请幼儿制作。

（4）过热水，请幼儿放调料，进行调制。

（5）装瓶保存，请幼儿带回家请爸爸、妈妈品尝。

【活动延伸】

没有制作完成的幼儿，可以在区角里继续制作，注意安全与卫生。

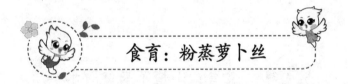

食育：粉蒸萝卜丝

【活动目标】

（1）知道吃蒸萝卜丝能养胃、促消化。

（2）在看一看、做一做中体验蒸萝卜。

（3）爱上萝卜美食，体验动手制作的乐趣。

【活动准备】

（1）经验准备：幼儿对萝卜不同烹饪方法有初步了解。

（2）物质准备：

①食材：胡萝卜、拌好的粉蒸萝卜丝、切好的萝卜片。

② 调味料：香油、盐、菌菇粉。

③ 工具：围裙、刀具、案板、蒸锅、盘子。

【活动过程】

（一）教师用谜语引出萝卜，使幼儿了解萝卜的营养价值

师：说一说萝卜都可以做成哪些美食？

（二）教师出示粉蒸萝卜丝，幼儿了解其制作材料

（1）看一看、尝一尝粉蒸萝卜丝。

（2）说一说粉蒸萝卜丝是如何制作的。

（三）幼儿了解粉蒸萝卜丝的制作方法并进行尝试

（1）教师示范制作粉蒸萝卜丝。

（2）幼儿尝试用安全刀切萝卜片、萝卜丝。

（四）蒸萝卜丝

（1）教师介绍蒸锅的使用和蒸萝卜丝的方法。

（2）幼儿分享品尝自己制作的萝卜丝。

【活动延伸】

幼儿回家后，家长带幼儿找一找家里还有什么食物可以蒸着吃。第二天，幼儿一起分享自己的发现。

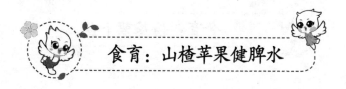

食育：山楂苹果健脾水

【活动目标】

（1）知道吃山楂可以消食、健胃，山楂与苹果同用的时候会增强其功效，苹果是水果当中含营养物质比较均衡的一种水果。

（2）在看一看，做一做中，体验制作好喝的山楂苹果健脾水。

（3）爱上由山楂苹果制作的饮品，体验自己动手制作的乐趣。

【活动准备】

（1）经验准备：幼儿对山楂、苹果不同的食用方法有初步的了解。

（2）物质准备：苹果、山楂、水、围裙、刀具、案板、锅、盘子。

【活动过程】

（一）教师出示山楂、苹果，帮助幼儿了解其营养价值

（1）说一说山楂、苹果的不同食用方法。

（2）了解两种水果不同的营养价值。

（二）教师出示山楂苹果健脾水，幼儿了解其制作材料

（1）看一看、尝一尝山楂苹果健脾水。

（2）猜一猜、说一说，它是如何制作的？

（三）幼儿了解山楂苹果健脾水的制作方法并进行尝试

（1）山楂用淡盐水泡洗干净；去蒂，切小块。

（2）苹果用细盐抹匀洗干净，去蒂、去核；切小片，和山楂块一起入锅。

（3）加入适量的清水；大火煮开，转小火煮约8分钟。

（4）加入适量冰糖调味，煮至糖化后不掀盖，放至常温再喝即可。

（四）幼儿制作，并品尝

（1）幼儿制作，教师巡回指导。

（2）师生共同品尝。

【活动延伸】

幼儿回家和爸爸妈妈一起制作，共同品尝好喝的水果饮品。

中班·下学期

食育：好吃的面条

【活动目标】

（1）通过看图片，了解面条的种类是多种多样的。

（2）通过学习搓、揉、拉、压等方法，制作不同种类的面条。

（3）爱上面条，体验动手制作的乐趣。

【活动准备】

（1）经验准备：幼儿会搓、揉、拉、压等技能。

（2）物质准备：面条图片、面粉、水、盆、锅。

【活动过程】

（一）谈话、讨论，引出面条

（1）教师播放PPT，幼儿观察、讨论。

（2）教师引导幼儿发现不同的面条种类。

（3）师幼分享自己吃过的不同种类面条的口感。

（二）讨论、交流面条的不同制作方法

（1）讨论制作面条的步骤。

（2）讨论不同种类的面条有什么不同的制作方法。

（三）尝试制作面条

（1）幼儿用搓、拉、压、揉的方法做出不同造型的面条。

（2）幼儿在老师的帮助下，学习煮面条。

（四）品尝美味面条

（1）在煮好的面条上浇上香油、葱花、五香粉。

（2）与同伴一起品尝自己做的美味面条。

【活动延伸】

幼儿回家和爸爸妈妈一起制作不一样的面条，来园时，再和小朋友互相分享。

我爱"赏"嵩山文化

中班·上学期

社会：我的家乡

【活动目标】

（1）知道自己家乡所在的城市的名称。

（2）初步了解家乡的名胜古迹、土特产、风土人情等文化。

（3）能与同伴大胆交流、分享自己的经验，萌发热爱家乡的情感。

【活动准备】

（1）经验准备：家长利用假期带幼儿参观过登封的文物古迹。

（2）物质准备：在家长帮助下收集一些关于登封风景文化的图片、明信片、浏览照片以及一些登封特产（包装盒亦可）。

【活动过程】

（一）谈话，引出主题

（1）师：大家知道我们居住的城市叫什么名字吗？（登封）

（2）师：登封是我们的家乡，是我们出生和成长的地方。今天我们就来认识一下我们生活的这座城市，说一说它有哪些美丽的地方。

（3）幼儿发言。

（二）教师介绍收集的有关家乡的资料，幼儿初步感知家乡

（1）通过投影仪投影放大或直接呈现照片（图片）或实物，让幼儿结合自己的经验讲述它们的名称及传说等。

（2）教师适时提问与做解释，帮助幼儿丰富认识。

（三）师幼共同汇总家乡的资料

（1）主要景区：少林寺、嵩山、三皇寨、嵩阳书院、中岳庙等。

（2）主要特产：烧饼、芥丝、素饼、禅果等。

（四）介绍有关登封的风土人情、传说故事

嵩门待月、正月十五摆供、玩社火、中岳庙拜铁人等。

【活动延伸】

把登封风景名胜、登封特产等图片投放在区角，让幼儿相互讲一讲。

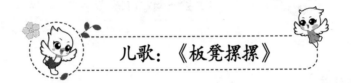

儿歌：《板凳摞摞》

【活动目标】

（1）通过图谱逐步退位法和接龙游戏学习儿歌《板凳摞摞》。

（2）通过说一说、做一做，体验顶针式儿歌的特点。

（3）通过用家乡话念儿歌的形式，感受家乡话的有趣，萌发爱家乡的情感。

【活动准备】

（1）经验准备：幼儿会用不同的方法说儿歌。

（2）物质准备：儿歌图谱。

【活动过程】

（一）老师说儿歌，引入课题

（1）师：今天老师给小朋友们带来了一首儿歌，你们仔细听，里边都有谁？他们在干什么？

（2）老师完整说儿歌《板凳摞摞》，幼儿欣赏儿歌。

（二）借助图谱学习儿歌

（1）师：儿歌里都有谁？他们在干什么？幼儿说出一个人物，教师随即出示图谱。

（2）幼儿看图谱完整说儿歌。

（3）幼儿质疑，教师帮助幼儿理解儿歌内容。

师：对于这首儿歌里的词语还有什么不明白的地方？

（4）教师引导幼儿发现顶针式儿歌的特点：在这个儿歌里藏着一个小秘密，你仔细观察一下，发现了什么？

（5）师小结：原来儿歌前一句最后的词语和下一句开头的词语是一样的，像这样的儿歌就是顶针式儿歌，就像接龙游戏一样。

（6）师：下面我们就来玩一下接龙游戏吧，我说一句你说一句。

（7）图谱逐步退位，帮助幼儿记忆儿歌内容。

师：既然我们了解了儿歌的这个特点，那老师要把一些图片去掉，看你们能不能完整地说出儿歌。

（8）请幼儿来去掉一些图谱，大家一起练习说儿歌。

（三）教师引导幼儿用家乡话说儿歌

（1）师：这首儿歌是咱们河南的地方童谣，我小的时候，我奶奶就经常给我说这首儿歌，奶奶是用家乡话说的，你试试用家乡话说一说。

（2）幼儿尝试用家乡话说儿歌。

（3）师幼谈话，体会家乡话的有趣，萌发幼儿爱家乡的情感。

（4）师小结：刚才你们用家乡话说了儿歌，感觉好玩吗？这就是我们方言的魅力，它能传达出与普通话不一样的韵味，小朋友在说好普通话的同时不要丢了我们的家乡话哦。

（四）为儿歌起名字，小结，结束活动

（1）师：这首儿歌还没有名字呢，我们来给它起个名字吧。

（2）师：像这样的方言儿歌在生活中还有好多呢，小朋友可以回家问一问你的爷爷奶奶，请他们教教你，回来和小伙伴们分享。

【活动延伸】

请幼儿在表演区说一说不同的儿歌，找一找这些儿歌和《板凳摞摞》儿歌有什么不同。

附：

板凳摆摆

板凳板凳摆摆里边坐个大哥，大哥出来买菜里边坐个奶奶，

奶奶出来烧香里边坐个姑娘，姑娘出来绣花里边坐个蚂蚱，

蚂蚱出来蹦蹦里边坐个豆虫，—GURONG—GURONG。

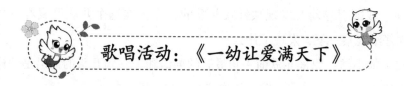

歌唱活动：《一幼让爱满天下》

【活动目标】

（1）在熟悉旋律的基础上，学唱歌曲《一幼让爱满天下》。

（2）借助肢体动作、图谱，理解、记忆歌词，分段学唱歌曲。

（3）在演唱歌曲中，逐步体验幸福的情感。

【活动准备】

（1）经验准备：幼儿对歌曲旋律有一定的了解。

（2）物质准备：播放器、图谱。

【活动过程】

（一）导入

（1）教师播放歌曲《一幼让爱满天下》，幼儿听一听。

（2）师：你知道这首歌曲的名字是什么吗？它是我们的园歌《一幼让爱满天下》。

（二）教师范唱歌曲第一段，幼儿运用图谱梳理记忆歌词，尝试歌唱

（1）教师范唱歌曲第一段，根据幼儿的回忆出示图谱，帮助幼儿厘清歌词。

师：请你仔细听，用歌曲里的词告诉我，你听到了什么？

（2）教师根据幼儿表述出示相应的图片。（巍巍嵩山、一幼、摇篮、小幼芽、老师、妈妈、幼儿园、爱）

（3）师幼共同理解歌词。

一幼是什么？老师怎么样？（温柔又美丽，就像我的好妈妈）

师：你用动作表示一下。

师："来吧，伙伴，来吧，朋友"是怎么唱的？"——"表示要唱得慢一点，你可以试着唱一唱。

（三）教师范唱歌曲第二段，幼儿找出两段歌词的不同之处，并试唱

（1）教师范唱歌曲第二段，根据幼儿的回忆出示图谱，帮助幼儿厘清歌词。

师：请你仔细听，用歌曲里的词告诉我，你听到了什么？

（2）教师根据幼儿表述出示相应的图片。（爱心、微笑、怀抱、天使、园丁、幸福的家）

（3）师幼共同理解歌词。

师：微笑是什么样的？怀抱是什么样的动作？天使、园丁呢？可爱的天使、辛勤的园丁，你用动作表示表示。

师：在唱两个"爱满天下"时有什么不一样的地方？你可以试着唱一唱。

① 观察对比图谱，发现与前段歌曲的异同。

师：第一段歌曲和第二段歌曲一样吗？哪里不一样？哪里一样？

师：你看看我们的图谱，试着跟老师轻轻地唱一唱。

② 教师引导幼儿发现两段歌词的前面半段歌词相同，后面半段歌词不同。

（四）根据图片提示学唱完整歌曲

（1）根据图谱完整演唱歌曲。

（2）在缺少了两张不相邻的图片的情况下演唱歌曲。

（3）在图片被逐步撤下来的情况下演唱歌曲。

（五）观看视频，再次完整感受歌曲

师：今天这首歌曲有点长，有点难度，但是你们都学会了，我们一起看着小短片，听着歌曲，欣赏美丽的幼儿园。

【活动延伸】

幼儿和老师一起到幼儿园里，边欣赏美丽的幼儿园，边一起表演《一幼爱满天下》。

附：

一幼让爱满天下
——登封市直属第一幼儿园园歌

作词：和美教师团队
作曲：李　萍

1=F 4/4

轻松、深情地

5 6 3 3 3 3 | 2 3 3 2 1 - | 3 5 6 5 1 3 | 2 3 1 6 5 - |
　　　　　　　　　　　　巍巍 嵩山下，一幼是我家。

6 5 1 2 3 3 | 5 6 5 3 2 - | 3 5 6 5 1 3 | 2 3 3 5 6 - |
爱的摇篮里有棵棵小幼芽， 老师 温柔 又 美 丽，

5 6 3 3 0 3 0 | 2 3 3 2 1 - | 5 6 1 1 2 3 | 2 3 1 6 5 - |
都 像我的 好 妈 妈。 幼儿园是我家，是我 家。

5 6 3 2 5 3 | 2 3 3 2 1 - ‖: 3 5 6 5 1 3 | 2 3 1 6 5 - |
让 爱满天下，满 天 下。 巍巍 嵩山下，一幼是我家。
　　　　　　　　　　　　爱心 乐园里，一幼是我家。

6 5 1 2 3 3 | 5 6 5 3 2 - | 3 5 6 5 1 3 | 2 3 3 5 6 - |
爱的摇篮里有棵棵小幼芽， 老师 温柔 又 美 丽，
甜甜的微笑 温暖的怀抱， 可爱的天 使 辛勤的园丁，

5 6 3 3 0 3 0 | 2 3 3 2 1 - | 3 5 - - | 6 5 - - | 3 5 - |
都 像我的 好 妈 妈。 来吧， 伙伴， 来吧，
这就是我们 幸福的家。

1 2 - - | 2 2 2 3 2 1 6 1 | 2. 3 2 - | 2 2 2 3 5 5 3 |
朋友， 今天我是一幼的 好 娃娃， 明天我成栋梁

2 3. 6 | 1 - - - :‖ 5 5 - 6 | 5 - - - | 5 5 - 6 | 1 - - - ‖
爱满天下。 爱满天下， 爱满 天 下。

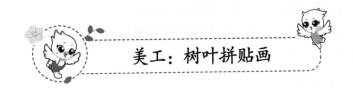

美工：树叶拼贴画

【活动目标】

（1）学习用树叶进行拼贴作画，并能适当添画，丰富画面。

（2）根据不同形状的树叶进行拼图、组合，表现物体的主要形象特征。

（3）体验创作过程中的乐趣和成功后的自豪感。

【活动准备】

（1）经验准备：幼儿对树叶形状有一定的认知。

（2）物质准备：糨糊或胶棒、画纸、油画棒、收集的各种树叶。

【活动过程】

（一）教师展示收集的树叶，引导幼儿观察、欣赏树叶的形状和色彩

（1）师：秋天到了，秋风吹来，很多树叶宝宝纷纷飘落了下来，离开了树妈妈的怀抱，老师今天带来了很多树叶宝宝，让我们一起来看一看吧！

（2）教师依次出示树叶并提问：这些叶子是什么形状的？像什么？它是什么颜色？

（3）师总结：有的树叶像一把小扇子，到秋天它就从绿色慢慢变成黄色；有的树叶像一只小手掌，到秋天它就从绿色慢慢变成红色了；有的树叶细细长长的，到秋天，它的颜色还是绿绿的。所以，秋天的树叶是最美丽的。

（二）欣赏树叶贴画作品，了解树叶贴画制作方法

（1）师：秋天的树叶不仅美丽，它们一个个还都是神奇的魔术师呢！让我们一起来看看它是怎么变魔术的吧！

（2）师：我们的魔术师变魔术需要几个小助手帮忙，我们把它的助手也请上来吧（取出剪刀、胶棒、记号笔）。

（3）教师示范完成一幅作品并提问：我们这位魔术师把自己变成了什么？它是怎么变的？

（4）师：我这里还有很多魔术师的画呢，我们一起来看一看吧！（出示各种树叶贴画请幼儿欣赏）你喜欢这些画吗？它们还有一个好听的名字——树叶拼贴画。

（三）幼儿制作树叶拼贴画，教师巡回指导

（1）师：我们也来用这些漂亮的树叶制作一幅美丽的画吧！

（2）教师讲解要求，幼儿制作树叶拼贴画。

（四）作品展示

（1）教师将幼儿作品进行展示。

（2）幼儿向大家介绍自己的作品，体会成功的乐趣。

【活动延伸】

把树叶投放在美工区，以便幼儿在区域活动时可以继续作画，也可利用树叶进行拓印画制作。

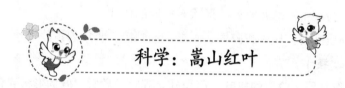

科学：嵩山红叶

【活动目标】

（1）通过对图片的观察，认识嵩山红叶——黄栌树这种植物，知道这种植物的叶子会在秋季气温变低的情况下变色的特点。

（2）在认识黄栌叶的过程中，了解嵩山红叶与少林寺、中岳庙、观星台等景区一样，是登封的特色景观之一。

（3）在活动中感受嵩山红叶的不同季节变化。

【活动准备】

（1）经验准备：幼儿知道进入秋季，树叶颜色会发生变化。

（2）物质准备：课件、各种树叶标本。

【活动过程】

（一）师幼一起观察各种树叶标本，引发幼儿活动兴趣

师：小朋友们，我们来看一看这些都是什么树叶？你能叫出它们的名字吗？

（二）教师出示课件，帮助幼儿认识嵩山红叶——黄栌树

（1）观察红叶。

师：你见过吗？在哪里见过？

（2）师：这些红叶长在什么地方？你能看出来吗？

（3）幼儿观察红叶的照片，认识黄栌树，知道树叶遇冷变色的特性。

（4）幼儿欣赏远景，感受嵩山的魅力。

（三）观察各个景区图片，了解感受登封的地貌环境

（1）师：这些地方你去过吗？

（2）师：我们登封的红叶也很出名哦。登封每年都会举办红叶节，全国各地的游客都会来欣赏。

【活动延伸】

幼儿欣赏嵩山红叶图片，在区角中观察并画一画。

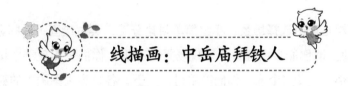

线描画：中岳庙拜铁人

【活动目标】

（1）通过观察图片，感受庙会热闹、欢乐的场面，感知中岳庙铁人的形态。

（2）尝试用线描画的形式表现中岳庙会拜铁人时的热闹场景。

（3）在绘画活动中，加深对家乡中岳民间庙会的印象，萌发热爱家乡的情感。

【活动准备】

（1）经验准备：幼儿逛过中岳庙会，知道中岳庙会拜铁人挽锁的故事、许愿树的故事。

（2）物质准备：中岳庙会突出场景的图片、绘画纸5张、粗细不同的线描笔、油画棒、小组场景图片5张、背景音乐。

【活动过程】

（一）谈话导入

师：你逛过中岳庙会吗？你在庙会上都看到了什么？做了什么事情呢？

（二）观察中岳庙会的场景图片，感知庙会中建筑和人物的布局关系，感受庙会热闹欢乐的场面

（1）教师出示中岳庙门及庙门前场景图片，提问：这是中岳庙的什么地方？你都看到了什么？上面的人都在干什么？你觉得图画中什么是最突出的？

（2）教师出示拜铁人的场景图片，提问：图片中都有谁？他们在干什么呢？他们都是怎么拜铁人的？（教师引导幼儿观察人们拜铁人的动态和摸铁人的动态）他们的表情是什么样的？

（3）师：看了这些图片，你觉得人们在逛庙会时心情怎么样？

（4）师：画面中哪些场景是突出的？作画时突出的场景我们应该怎么画？

（幼儿知道建筑和场景要画得大些，人物画得小一些；被遮挡的可以不画。）

（三）幼儿自由选择场景，小组简单讨论分工，尝试绘画，教师巡回指导

（1）师：请你们自由选择要表现场景的小组，你们想表现哪个场景就去哪个图片的小组，一组4个人。你们简单讨论一下，各自表现图画中的哪一部分。

（2）幼儿作画，教师巡回指导，为作画有困难的幼儿提供帮助。

【活动延伸】

你最喜欢哪一组的绘画？最喜欢画面的哪个地方？为什么？

中班·下学期

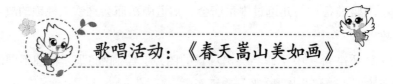

歌唱活动：《春天嵩山美如画》

【活动目标】

（1）通过图片欣赏，理解歌曲的内容；在熟悉歌词内容基础上，熟悉歌曲旋律，用自然的声音较连贯地演唱歌曲《春天嵩山美如画》。

（2）在歌曲意境的感染下，根据对歌词的理解，创编表演动作。

（3）通过活动，抒发自己对嵩山的热爱，萌发爱家乡的情感。

【活动准备】

（1）经验准备：幼儿已经会唱练声曲《春天嵩山美如画》。

（2）物质准备：嵩山模型图一幅、画笔、蓝色圆形磁铁。

【活动过程】

（一）通过欣赏幼儿作品，教师引导幼儿发现春天

（1）教师带领幼儿欣赏春天主题的幼儿的作品。

（2）教师鼓励幼儿说出自己看到的春天是什么样子的。

（3）师小结：春天来了，草绿了，花开了，小燕子也从南方飞回来了……

（二）发声练习

教师鼓励幼儿用轻柔优美的声音演唱《春天嵩山美如画》。

（三）基本部分

（1）教师深情地范唱歌曲，帮助幼儿初步理解歌词，熟悉歌曲旋律。

（2）师：你们听到老师唱了什么？请你们大胆地说出来。

（3）教师将幼儿说出的内容添画在嵩山的背景图上，帮助幼儿理解歌词。

（4）教师鼓励幼儿学唱歌曲，使幼儿能用自然的声音有节奏地演唱歌曲。

（5）幼儿欣赏图片，跟着教师学唱歌曲。师：我们看着图片一起来唱一唱。

（6）教师逐一将图片上的"花""草"等内容删除，鼓励幼儿进行演唱。

（7）教师鼓励幼儿运用轻柔优美的声音有感情地演唱歌曲。

（四）结束部分

教师鼓励幼儿用动作表现花草来装扮家乡的嵩山，萌发幼儿爱家乡的情感。

【活动延伸】

请幼儿互相唱一唱，并在区角画一画"春天美丽的嵩山"。

附：

春天嵩山美如画

1= F 2/4

3 5 3 5 | i i 5 | 3 5 3 5 | i i 5 | 6 i i 6 |

春天嵩山 美如画 棵棵小草 发了芽 美丽花儿

5 5 3 | 6 i i 6 | 5 5 3 | 5 5 5 5 i | 5 5 5 5 3 |

一朵朵 小鸟小鸟 在唱歌 啦啦啦啦啦 啦啦啦啦啦

5 i 5 3 | 5 i 5 3 | 5 1 3 2 | i i i | 1 3 5 — ‖

啦啦啦啦 啦啦啦啦 春天嵩山 美如画 美如 画

科学：寻宝石头

【活动目标】

（1）通过看一看、摸一摸、敲一敲，感受石头的特性。

（2）了解石头在生活中的用途，萌发探究意识。

（3）会用简单的语言表达自己的发现。

【活动准备】

（1）经验准备：幼儿和家人一起参观登封地质博物馆，并了解过关于石头的基础知识。

（2）物质准备：PPT课件，每个幼儿准备两块小石头。

【活动过程】

（一）看一看、说一说：我的小石头

（1）请幼儿告诉小伙伴自己的石头像什么。

（2）师：怎么得来的小石头？（引导幼儿编成有趣的小故事，讲给大家听）

（二）认识石头的特征

1. 认识石头的颜色、形状

师：小朋友互相看一看，你们手中的小石头是什么颜色的？什么形状？

2. 倾听敲石头的声音

（1）师：轻轻敲一敲你手中的石头，听一听它能发出声音吗？

（2）师：敲击出来的声音好听吗？互相听一听敲击出来的声音一样吗？（教师鼓励幼儿用语言清楚地表达操作结果）

（3）师：捏一捏石头有什么感觉？（石头很硬）

（三）课件演示：石头的作用

（1）师：你知道石头能用来干什么？（铺路，盖房）

（2）师幼小结：各种各样的石头，放在不同的地方有不同的用途，如大青石可以盖房子，小石子可以铺路，鹅卵石可以装饰建筑物，美丽的玉石可以做成艺术品。

（四）好玩的石头

教师引导幼儿用手中的小石头，创意地玩各种小游戏。

【活动延伸】

在区角中放入更多的物品，请幼儿互相试一试，如何奏出好听的音乐。

歌唱活动：《朝阳沟——咱们说说知心话》

【活动目标】

（1）通过欣赏河南豫剧选段《朝阳沟——咱们说说知心话》，初步感知豫剧的演唱特点。

（2）初步学唱改编后的戏曲——《说说知心话》。

（3）尝试用说唱的形式表达自己的理想，体验豫剧表演的乐趣。

【活动准备】

（1）经验准备：幼儿听过豫剧选段《朝阳沟——咱们说说知心话》。

（2）物质准备：《朝阳沟——咱们说说知心话》视频、图谱。

【活动过程】

（一）谈话导入

师：今天来了一位好朋友，你们认识她吗？

（二）欣赏视频《朝阳沟——咱们说说知心话》，感知豫剧运用方言演唱的风格和特点

师：大家希望银环姐姐以后干什么？听了这段戏，你心里有什么感觉？这段戏和我们平时唱的歌一样吗？

（三）教师示范演唱《说说知心话》，幼儿初步学唱歌曲

（1）师清唱戏曲，幼儿感知学习。

（2）教师出示图谱，幼儿记忆歌词。

（3）幼儿尝试在音乐的伴奏下学唱戏曲1～2遍。

（4）教师总结豫剧演唱声音响亮的特点，鼓励幼儿用响亮的声音演唱。

（5）教师轻声唱，幼儿尝试大胆演唱。

（6）幼儿尝试在没有图谱帮助的情况下，演唱戏曲。

（四）分角色表演《说说知心话》

幼儿尝试用说唱的方式表达自己的理想，教师鼓励幼儿大胆地分角色表演《说说知心话》。

【活动延伸】

教师在区角中准备更多的曲目，请幼儿多多关注戏曲文化，让中华优秀传统文化得到传承与发扬。

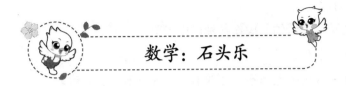

数学：石头乐

【活动目标】

（1）在游戏中初步学习5的分成，能用语言表达自己的分法。

（2）尝试用符号记录自己操作的结果。

（3）在操作记录的过程中，体验数学活动带来的乐趣。

【活动准备】

（1）经验准备：幼儿已掌握4以内的分成。

（2）物质准备：背景音乐、石头、分离盒、记录单、笔、操作卡。

【活动过程】

（一）创设情境引起幼儿的兴趣

师：亲爱的孩子们，今天我们一起到书院河捡漂亮的石头吧！捡石头的要求是：①每人捡5颗石头；②捡到5颗石头的幼儿与旁边的幼儿相互交换一下，检验自己的石头是不是5颗；③找到5颗石头的幼儿可以找个位置安静地坐下。

（二）操作活动：玩一玩，说一说

（1）5颗小石头可以怎么玩？拼一拼、玩一玩。

（2）教师出示材料"分离盒"，请幼儿尝试在这个盒子里玩石头。

（3）口头表述。师：你发现了什么？（教师鼓励幼儿大胆地说出自己分石头的结果）

（4）师小结：这个"分盒器"将你的5颗石头分成了两部分，这两部分合起来还是5颗石头。

（三）再次操作并记录，教师巡回指导

（1）教师分给每个幼儿一张操作卡，请幼儿边操作边记录自己操作的结果。

（2）教师展示个别幼儿的记录结果。

（3）师幼共同小结：我们可以把5颗石头分成1颗和4颗、2颗和3颗、3颗和2颗、4颗和1颗。而且1颗和4颗合起来是5颗，2颗和3颗合起来也是5颗，3颗和2

颗合起来也是5颗，4颗和1颗合起来还是5颗。

（四）游戏

少了几颗？（请幼儿操作各种操作卡）

【活动延伸】

请幼儿在区角中操作不一样的卡片，进行不同的活动。

音乐欣赏：《嵩山》

【活动目标】

（1）初步了解登封嵩山的特征。

（2）能大胆地介绍自己欣赏到的音乐中的嵩山。

（3）激发身为登封人在嵩山脚下生长的自豪感和爱家乡的情感。

【活动准备】

（1）经验准备：幼儿对登封景点有简单的了解。

（2）物质准备：收集登封著名景点的图片、课件《美丽的嵩山》。

【活动过程】

（一）导入

欣赏歌曲《嵩山》。

（二）请幼儿欣赏课件——《美丽的嵩山》

（1）师：大家一起来听音乐，用音乐中的话说一说你听到了什么。

（2）教师向幼儿大概介绍登封嵩山的地形特点。（中岳嵩山在河南，东邻郑州西邻洛阳，北邻黄河南邻颍水。）

（三）欣赏歌曲，讨论登封嵩山，对其有进一步的了解

师：欣赏音乐，我们已经了解了嵩山可真美呀！小朋友都很爱自己家乡的嵩山，今天，我们就来介绍嵩山吧！

（1）教师出示图片，让幼儿用连贯的语言，大胆清晰地讲述自己攀登的不同嵩山山峰的外形特点、典故等。

（2）教师出示图片，提示幼儿，可以夸家乡的迷人风光，可以夸家乡的丰富物产，也可以夸家乡的变化，还可以说说居住地周围的建筑或市场的景象。

教师小结：今天小朋友知道了家乡嵩山的特征。我们家乡很美，我们都爱自己的家乡。我们要学好本领，长大为家乡做出自己的贡献。

【活动延伸】

可以在美工区画一画美丽的嵩山。

附：

嵩山

中岳嵩山在河南，东邻郑州西邻洛阳，北邻黄河南邻颍水，天下名山不虚传。

嵩山是个好地方，二郎担山赶太阳，达摩渡江传佛法，帝王爱把它来逛。

太室山上峻极峰，少室山上少林寺，天下功夫出少林，少林功夫美名扬。

嵩山嵩山真热闹，儒学佛教和道教，三教并存在一起，中华文化大熔炉。

三教并存在一起，中华文化大熔炉。

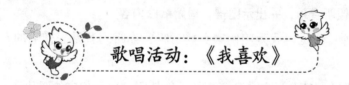

歌唱活动：《我喜欢》

【活动目标】

（1）通过观察图片了解家乡的景点，感受家乡美。

（2）借助图谱初步学唱歌曲《我喜欢》，并能大胆地演唱。

（3）尝试用身体动作表现音乐，表达对家乡登封的热爱。

【活动准备】

（1）经验准备：幼儿已了解登封景点。

（2）物质准备：PPT。

【活动过程】

（一）通过韵律活动"国王高丽"导入

教师通过韵律活动"国王高丽"引起幼儿的兴趣，让幼儿边走边唱，并要求幼儿展示出来最挺拔的姿态和最优美的歌声。

（二）出示图片，幼儿欣赏并介绍登封的景点

（1）师：国王高丽住在哪儿呀？

幼：山间。

师：你听到了什么？哦，听到了你们的回音，在山里，如果你大声吆喝或者是说话的时候会有回音。

师：这座山在哪儿呢？闭上眼睛，我给你惊喜！

（2）教师出示登封图片，提问：这是哪儿呀？

师小结：是我们的家乡登封。好美呀！

（3）师：今天老师还给大家带来了一些图片。我们一起来看一下，这是什么地方？（嵩山少林寺、嵩阳书院、观星台和中岳庙、登封的风景）

师：这些景点都在哪儿呀？

（4）师幼小结：这些都是我们美丽家乡登封的旅游景点，你们喜欢去这些景点玩吗？那你们喜欢我们的家乡登封吗？老师也特别喜欢、特别热爱我们的家乡登封。我今天想用我的歌声来表达对家乡的热爱。

（三）倾听音乐，并出示图谱，理解歌曲内容

（1）师：你觉得我爱咱们家乡登封吗？你听到我是怎样唱的？你最喜欢哪一句？

（2）教师在幼儿说出自己喜欢的乐句的同时出示相应的图片，并将幼儿的话补充完整。

（3）教师出示图谱，请幼儿看图谱说一遍歌词，进一步理解歌曲并加深记忆。

（4）教师逐一撤掉图片帮助幼儿记忆歌词。

（5）教师将图谱给没有记忆好歌词的幼儿，幼儿跟随钢琴演唱歌曲。

（6）分组演唱。

（7）师小结：从你们的歌声中我感觉到了你们对家乡的热爱，给自己加油一下吧！让我们再一次大胆地用自己最优美、最愉悦的声音来表达一下自己对登封的爱吧！

（四）尝试边唱边用身体动作表现音乐节拍，表达自己对家乡的热爱

（1）师：除了用歌声可以表达自己对家乡的热爱之外，你还想怎么表达你对家乡的爱？

（2）师幼集体用动作表现音乐。2～3遍。

（3）幼儿分组用身体动作表现音乐。

（4）师小结：太好了，让我们继续传递对家乡的爱吧！老师给你们准备了乐器，我们一起演奏这首歌曲好吗？边唱边走出教室。

【活动延伸】

尝试关于登封其他景点和小吃的歌曲的创编。

　　附：

我 喜 欢

1= F 2/4

| 5 6 1 | 5 6 1 | 2 2 1 2 | 3　3 | 5 6 1 |
我 喜 欢　我 喜 欢　嵩 山 少 林　寺 呀　我 喜 欢

| 5 6 1 | 2 2 3 1 | 2　— | 5 6 1 | 5 6 1 |
我 喜 欢　嵩 阳 书　院　　我 喜 欢　我 喜 欢

| 3 5 3 1 | 2 2 2 | 5 6 1 | 5 6 1 | 5 6 1 2 | 1　— ‖
观 星 台 和　中 岳 庙　我 喜 欢　我 喜 欢　家 乡 登　封

我爱 "玩" 民间游戏

中班·上学期

健康：骑大马

【活动目标】

（1）通过师幼讨论、交流，学习骑马游戏，体验参与体育活动的乐趣。

（2）通过玩骑马的游戏，练习双脚连续向前跳，锻炼腿部肌肉力量以及身体的平衡能力。

（3）体验骑马游戏的乐趣，爱上骑马游戏。

【活动准备】

（1）经验准备：幼儿了解骑马姿势、动作。

（2）物质准备：每人一根玉米秸秆，宽阔的活动场地。

【活动过程】

（一）准备活动

教师带领幼儿随音乐跳骑马舞，活动身体。

（二）基本活动

1.游戏：骑马

（1）谈话引出活动。

师：孩子们，你们知道我们刚才跳的是什么舞吗？（骑马舞）

师：你骑过马吗？谁来学一学？

（2）教师出示玉米秸秆，请幼儿探索骑马游戏。

① 师：今天张老师带来了一个可以当马的玩具（教师出示玉米秸秆），小朋友们想一想，怎样把它当马玩呢？

② 幼儿自由发言。

③ 师小结：两只小手握细绳，一条小腿跨马背，两只小脚一起跳，小马跑起来啦！驾驾驾！

（3）请个别幼儿试一试，教师纠正动作，提醒幼儿跑的时候要拉紧"小马"，双脚一起跳。

（4）全体幼儿选择"小马"，一起练习"骑马"（练习3~4次）。

2. 游戏：运果子（2~3次）

师：孩子们！你们都练好"骑马"的本领了吗？那今天老师要求你们完成一个任务——把山那边的果子运到家里，运的时候一定要骑好你的"小马"，上下坡的时候要注意安全，不要碰到其他宝宝，看谁运得最多最快！

（三）放松活动，结束活动

师：今天小朋友们好棒啊！不但学会了"骑马"，还帮老师运了好多果子。我们来牵着"小马"散散步吧！让"小马"休息一下，我们坐下来捶捶腿！

【活动延伸】

请幼儿回家后把学习的本领教给爸爸妈妈，请他们一起玩"骑马"游戏。

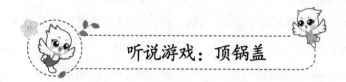

听说游戏：顶锅盖

【活动目标】

（1）学习儿歌《顶锅盖》，能发准"盖、怪、菜"等容易混淆的字音。

（2）探索《顶锅盖》游戏单人、多人的多种玩法，能在游戏中注意倾听，遵守游戏规则，快速做出反应。

（3）在游戏中感受儿歌的乐趣，体验与同伴合作玩顶锅盖游戏的快乐。

【活动准备】

（1）经验准备：幼儿能说出几种菜的名称。

（2）物质准备：儿歌《顶锅盖》PPT、锅盖一个。

【活动过程】

（一）情境表演，引起幼儿对游戏活动的兴趣

（1）教师出示锅盖，引出游戏。

师：今天是个好日子，万佳美食城开业了，想聘请你们当小厨师，你们愿意吗？

教师说儿歌：顶锅盖，油炒菜，辣椒辣了不要怪。噗，一口风。噗，两口风。噗，三口风。

师：请问你炒的是什么菜？（教师请幼儿说出各种菜的名称）

（2）师幼一起说儿歌，练习发准"盖、怪、菜"的字音。

（二）探索学习游戏的玩法

（1）师：《顶锅盖》不仅是一首好听的儿歌，还是一个非常好玩的小游戏。怎样用我们的手来玩顶锅盖的游戏呢？（请幼儿试着玩一玩）

（2）教师结合幼儿探索出的动作玩游戏，引导幼儿发现游戏规则。

师：做游戏时老师说了什么？老师的手做了一个什么动作呢？什么时候老师做了抓的动作？除了抓的动作，老师的手还做了什么动作？

（3）师小结：我们一边说儿歌一边玩游戏，当说完三口风的"风"字时，"锅盖"要快速抓"小铲子"，"小铲子"要迅速跑。

（4）师：除了把锅盖顶在上面玩，还可以把锅盖顶在哪儿玩呢？（请幼儿自己玩一玩）

（5）师：刚才我们是一个人在玩顶锅盖的游戏，如果两个小朋友合作一起玩，该怎么玩呢？（请两个幼儿一起试着玩一玩）

师：如果抓住了，该怎么办？

（6）师小结游戏规则：我们要一边说儿歌一边做动作玩游戏，当说完三口风的"风"字时，"锅盖"要快速抓"小铲子"，"小铲子"要迅速跑，如果被抓住了，"小铲子"要问："请问你炒的什么菜？"抓住的小朋友要说出菜的名称，然后两个人交换，继续玩游戏。

师：当你和别人玩的时候，怎样才不会被抓到？

（三）探索游戏的其他玩法

（1）师：刚才我们是两个人玩，如果三个人、四个人该怎么玩这个游戏呢？

（2）幼儿自由探索玩游戏，分享玩法。

（四）教师观察，幼儿自主合作游戏

师：今天我们学习了顶锅盖的游戏，可以一个人玩、两个人玩、多个人玩。如果大家一起玩，该怎么玩呢？我们下次再来试着玩一玩。

【活动延伸】

请家长带领幼儿在日常生活中游戏，探索更多玩法。

附：

顶锅盖

顶锅盖，油炒菜，辣椒辣了不要改。噗，一口风。噗，两口风。噗，三口风。

健康：炒豆豆

【活动目标】

（1）通过观察教师的动作，初步学会和同伴共同玩炒豆豆的游戏。

（2）能边说儿歌边做游戏。

（3）能够体验到同伴之间玩民间游戏的乐趣。

【活动准备】

（1）经验准备：幼儿会合作玩游戏。

（2）物质准备：儿歌、背景音乐。

【活动过程】

（一）热身活动

师：今天天气真好，孩子们一起和老师活动一下筋骨吧！

（二）引导幼儿探索游戏玩法

（1）两位老师面对面手拉手翻成背对背手拉手，请幼儿观察，说出游戏的玩法。

师：今天，老师给大家带来了一个游戏，请大家仔细看一看，我们是怎么玩的？在玩的时候，我们的手有没有松开呢？

（2）请两个幼儿面对面手拉手试一试，并分享自己的小诀窍。

（3）师小结：在玩这个游戏的时候，两个人要朝着同一个方向翻，并且手不可以松开。

（4）请幼儿自由探索背对背手拉手翻成面对面手拉手。

（三）加入儿歌，提高幼儿参与游戏的兴趣

（1）师：这个游戏好玩吗？如果加上好听的儿歌会更好玩，请听儿歌《炒豆豆》。

（2）幼儿边说儿歌边做游戏。

（3）幼儿换同伴进行游戏。

（四）结束活动

师：这个游戏除了两个人一起玩，还可以三个人、四个人一起玩呢，现在咱们试一试三个人怎么玩，好吗？

【活动延伸】

请幼儿探索三个人、四个人和更多人一起玩的方法。

附：

炒豆豆

炒豆豆，炒豆豆，

炒完豆豆翻跟斗。

中班·下学期

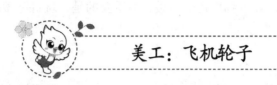

美工：飞机轮子

【活动目标】

（1）通过拆飞机轮子和组装飞机轮子，了解制作飞机轮子的步骤。

（2）能够完整地制作出自己的飞机轮子。

（3）在玩飞机轮子的过程中，体验动手制作玩具所带来的乐趣。

【活动准备】

（1）经验准备：幼儿会把纸条相互穿插。

（2）物质准备：彩色纸条。

【活动过程】

（一）导入环节

（1）师：你们动手做过玩具吗？看，老师小时候经常做这种玩具玩，这叫飞机轮子。

（2）师：谁能让它转起来？请小朋友上台试一试。

（二）探索制作过程

（1）师：小朋友们，你们想玩吗？想玩就自己做。现在两个小朋友做一个飞机轮子，你们先看一看，看完之后告诉我，该怎么做。

（2）师：现在请小朋友把它拆开，看一看它是由几根纸条做成的，是怎么做成的？

（3）师：动手把它组装回去，再恢复成飞机轮子。

（4）请组装成功的幼儿上台分享组装过程。

（三）教师逐步出示飞机轮子的制作示意图

教师出示示意图，幼儿参照示意图共同制作飞机轮子，教师加以指导。

（四）自由探索玩法

幼儿做好之后，自由探索玩法，可以运用辅助材料，如水彩笔、吸管等。

（五）教师小结

师：大家今天开心吗？为什么？今天的玩具是我们动手做的，经常动手做东西不仅使我们的小手变得更灵活，小朋友也会变得更聪明；而且，自己做的玩具既经济又好玩，坏了我们还会再做，最重要的是，玩自己做的玩具更开心，更有成就感。

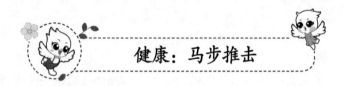

健康：马步推击

【活动目标】

（1）发展幼儿下、上肢力量，让幼儿体会武术寸劲的用法。

（2）能集中注意力，采用推、击、躲闪的方法，使对方移动或失去平衡。

（3）爱上武术，体验扎马步游戏不同于其他游戏的乐趣。

【活动准备】

（1）经验准备：幼儿对武术基本动作有一定的了解，有初步的扎马步经验。

（2）物质准备：根据场地和班级人数，画相距1～2米的平行线若干组；幼儿2人一组，分成若干组，相向站立在线的两侧。

【活动过程】

（一）课前准备活动

（1）教师组织幼儿站好队，师生行礼问好。

（2）幼儿活动全身的关节，教师口令提示。

（二）复习学过的武术动作

（1）教师对于细节部分做讲解示范。

（2）教师对动作不标准的幼儿进行一一指导。

（三）重点训练部分

（1）幼儿继续练习马步冲拳动作。

（2）教师讲解并示范各动作要领，幼儿练习。

（3）教师要求幼儿掌握动作要领，提高精气神。

（4）教师巡回指导，使幼儿动作规范。

（四）游戏环节

（1）游戏玩法：两人正对，两脚开立，微蹲或成马步；两人双臂前平举，双方手掌相接触；采用推、击、躲闪的方法，使对方移动或失去平衡。

（2）游戏规则与要求：采用推、击、拨的方法，允许双方用手掌。

（3）采用3局2胜制或5局3胜制的方法决定胜负。另外，可以让失败者进行才艺表演。

我爱"知"农作物

中班·上学期

数学：玉米点一点

【活动目标】

（1）通过手、口一致的数数，复习数字1～5。

（2）在操作活动中，初步了解数量的对应，知道数与量的关系。

（3）体验点玉米中的数学趣味。

【活动准备】

（1）经验准备：幼儿会手口一致地点数。

（2）物质准备：数字卡、玉米卡片、空盒子、操作连线卡。

【活动过程】

（一）复习数字1～5，并随机抽取数字卡，让幼儿念出来

师：请小朋友看老师今天都带来了哪些数字宝宝。（教师随意抽取，并让幼儿说出来）

（二）按顺序排列

教师让幼儿到黑板上把数字卡从1排列到5。

师：谁能来将数字宝宝从1到5排排队？

（三）让幼儿数一数物品的数量，并用数字来表示它

师：小朋友们，今天老师带来了一个抽奖箱，抽到奖的小朋友有奖励哦，你们想不想来抽奖呢？

师：抽到有数字的卡纸有奖，上面是数字几就获得几个小玉米。小朋友中奖拿到玉米之后把玉米和卡片一起放到桌上。

师：卡纸上的数字与玉米的数目一样多吗？

（四）再次复习数物对应

（1）小朋友们的爸爸、妈妈给小朋友们准备了卡片，看，卡片上有什么呀？（星星或月亮等）可是老师不知道它们每一排有多少个，请小朋友数一数，并把星星和对应的数字连起来。

（2）幼儿操作，教师巡回辅导。

（3）教师和幼儿一起检查结果。

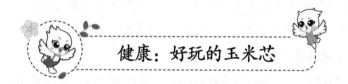

健康：好玩的玉米芯

【活动目标】

（1）探索玉米芯的玩法，练习并初步掌握肩上挥臂投掷的动作。

（2）根据距离调节投掷的力度。

（3）在活动中发展自主运动的能力。

【活动准备】

（1）经验准备：幼儿对投掷有基本经验。

（2）物质准备：玉米芯每人2个、场地、5米长的绳子两条（其中一条上系有4个呼啦圈）、哨子、《火箭发射》儿歌。

【活动过程】

（一）开始部分：认识感知玉米芯并做热身活动

幼儿分6队站立，每人手持2个玉米芯站在点上。跟随老师做热身活动，分别是体侧、体转、下肢、腰部、下蹲、跳跃、整理运动。

师：孩子们，今天我们手里多了一样什么东西？摸一摸，有什么感觉？今天玉米芯是我们玩具，我们带着它动起来吧！

（二）基本部分：探索玉米芯的玩法，学习肩上挥臂投掷的动作

（1）幼儿自主探究，教师巡回查看幼儿的探究情况，鼓励幼儿创新不同的玩法，如滚着玩、跳跃着玩、扔着玩、敲着玩等。

（2）幼儿展示自己的玩法并分享给大家。

（3）幼儿再次探究并发现其他不同的玩法，如双脚跳、投掷等。

（4）集体展示不同的玩法，学习肩上挥臂投掷的动作。

投掷方法：双脚分开，重心放在后腿上，右手持玉米芯放于肩上；向前移动重心的同时向前方投掷。

（5）幼儿示范，教师小结并带幼儿空手练习。教师巡视并指导。

（6）进行游戏"发射火箭"。

幼儿分两队背对背站在线上。对面分别有两条线供幼儿选择。一队持玉米芯投过对面的空绳子（距离3、4米），另一队持玉米芯投过绳子上系着的呼啦圈（距离2米）。幼儿进行游戏3～4遍（边说儿歌边游戏）。

（三）结束部分：放松身体

教师带领幼儿用玉米芯做按摩棒，轻轻地敲敲胳膊、腿等部位。

【**活动延伸**】

玉米芯还可以拼房子、小桥、桌椅，做手工，等等。

附：

发射火箭

小火箭、飞呀飞。

一飞飞到蓝天里。

10，9，8，……，1。

发射！（投掷）

科学：有用的花生

【活动目标】

（1）通过回忆生活经验、观察图片，认识花生的生长过程。

（2）通过观察，认识花生的外形特征，并初步了解花生的多种用途。

（3）通过剥花生活动，体验自己动手劳动的乐趣。

【活动准备】

（1）经验准备：幼儿见过、吃过花生。

（2）物质准备：实物花生、花生成长图片、PPT。

【活动过程】

（一）以谜语引出话题

师：小朋友们喜欢猜谜语吗？今天，老师给你们带来了一个谜语，你们猜一猜谜底是什么？

"麻屋子，红帐子，里面住个白胖子。"（花生）

（二）观察、认识花生果实的特征

（1）幼儿一人拿一颗花生，观察花生的形状特征。

（2）幼儿剥开一颗花生，观察花生仁的形状、颜色。

（3）师小结：花生仁的外边有一层红色的衣服，里面是白白的果仁。

（三）了解花生的生长过程

（1）师幼分享交流：花生长在什么地方？

（2）教师出示PPT，幼儿了解花生的生长过程。

（四）了解花生的用途

（1）师：花生仁有什么用？

（2）师：花生壳能做什么？

（3）师：花生秧能做什么？

（4）师小结：花生全身都是宝，花生仁可以榨油、食用，花生壳、花生秧可以作为饲料、肥料，花生的用处可真大呀！

（五）感受劳动的喜悦

剥花生、吃花生，感受劳动的喜悦。

【活动延伸】

在美工区投放花生壳，幼儿可以利用花生壳制作粘贴画。

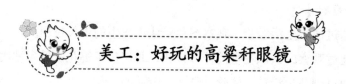

美工：好玩的高粱秆眼镜

【活动目标】

（1）能运用插接技能，用高粱秆制作出好玩的眼镜。

（2）发挥创新能力，在探究过程中制作出框架不同的眼镜。

（3）体验用自然材料高粱秆制作玩具的乐趣。

【活动准备】

（1）经验准备：幼儿对眼镜外形有过了解。

（2）物质准备：剥去表皮、长短不等的高粱秆若干，高粱秆皮若干，辅助材料乳白胶，范例玩具眼镜一件，美工剪刀每个幼儿一把。

【活动过程】

（一）教师出示材料

教师出示材料，引发幼儿自制高粱秆眼镜的兴趣。

师：你认识这些材料吗？你能用它们制作出什么玩具？（发挥幼儿主动性，让幼儿充分表达）

（二）教师出示范例

教师出示范例玩具眼镜，引导幼儿仔细观察，使幼儿明确眼镜的基本构造，知道眼镜是运用插接技能做成的。

师：生活中你还发现有哪些不同形状的眼镜？（巩固幼儿的已有经验，为后面的创作准备素材）

（三）幼儿探究创作

幼儿能运用插接技能制作出各种各样的眼镜，体验用高粱秆制作玩具的乐趣。

（1）教师提出制作要求，注意幼儿在制作过程中使用剪刀和材料的安全和卫生。

（2）幼儿制作，教师巡视指导，鼓励幼儿大胆想象，引导幼儿尝试怎样接插才会牢固、不脱节。（教师引导幼儿在探究过程中发现运用乳白胶辅助插接更为牢固的技巧）

（四）幼儿展示作品并描述作品

（1）幼儿把自己制作的作品放在展示区，大家互相观赏。

（2）大家互相说一说：你喜欢哪一副眼镜，为什么？

【活动延伸】

将幼儿做好的玩具和剩余材料放到区角内，以供展示、观赏，鼓励幼儿继续制作其他好玩的玩具。

中班·下学期

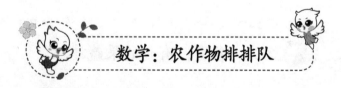

数学：农作物排排队

【活动目标】

（1）通过观看幻灯片，能发现物体简单的排序规律。

（2）初步感知ABAB式排序方法。

（3）在操作中感知数学的规律美，增强观察、分析能力。

【活动准备】

（1）经验准备：幼儿已建立对生活中规律的认识。

（2）物质准备：课件、花生、玉米、黄豆等。

【活动过程】

（一）自学探索

幼儿自主操作探索，教师鼓励幼儿自由排序，重点发现ABAB规律。

（二）观看PPT，引导幼儿观察发现不同的排序规律，感受ABAB的规律

（1）师：运动会要开始了，农作物宝宝们个个精神抖擞地进入场地了！瞧，首先进场的是跑步运动员，它们排着整齐的队伍有精神地向我们走来。它们都是什么农作物？（黄豆和绿豆）它们是怎么排队的？如果再来一些黄豆、绿豆，让你帮它们继续排下去，应该怎么排序？

（2）师：接下来会是谁呢？原来是举重运动员，只见它们一个个迈着稳健的步伐徐徐地向我们走来。（花生和玉米）这些大力士是怎么排队的？如果再来一些花生、玉米，让你帮它们继续排下去，应该怎么排序？

（3）师：接下来会是谁呢？它们是一对老搭档，（小麦和红豆）它们是怎么排队的呢？请帮帮它们吧！

（三）创新培养

幼儿利用规律制作小奖品，教师鼓励幼儿创新和发现新规律。

【活动延伸】

在日常生活中多注意、多观察其他事物的排序规律。

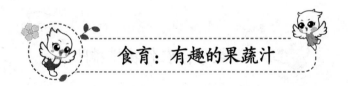

食育：有趣的果蔬汁

【活动目标】

（1）通过探索实验，发现生活中常见的蔬菜和水果的汁液可以作为食用色素的奥秘，知道能从果蔬中提取出食用色素。

（2）尝试动手动脑提取果蔬中的色素，并讲述自己提取果蔬中色素的方法。

（3）体验操作的乐趣，进一步了解果蔬色素在人们生活中的应用。

【活动准备】

（1）经验准备：幼儿对生活中常见的蔬菜和水果颜色有认知，有吃蔬菜面条、五彩饺子的经验。

（2）物质准备：实验材料人手一份（橙汁、一次性杯子、吸色纸、小棒），橙子一个，操作材料若干份（菠菜、紫薯、胡萝卜、番茄、火龙果、杧果、草莓、蓝莓等果蔬切块装入小盘子），每人自选一份，操作工具有擀面杖、面巾纸，《生活中的食用色素》PPT，用果蔬汁做成的不同色彩、不同造型的馒头若干。

【活动过程】

（一）教师出示果蔬馒头，引起幼儿兴趣

师：孩子们，今天老师给大家带来了一些美味的馒头，让我们一起来看一看吧！

师：你们喜欢这些馒头吗？为什么？你们知道这些馒头里的颜色是怎么来的吗？

（二）幼儿通过实验，感知发现水果中的食用色素

（1）师：请看桌子上老师给大家准备了什么材料？请你把纸放进橙汁里，用小棒不停地搅动，看一看会有什么发现。

（2）师：你有什么发现？你知道这是为什么吗？

（3）师：请你猜一猜，这个橙色从哪里来？橙色到底是不是从橘子和橙子中来的呢？我们来验证一下。

（4）验证：橙色是不是从橘子和橙子中提取出来的呢？

（5）师小结：这种从食物中提取出来的颜色，也叫食用色素，但是饮料里有很多添加剂，小朋友是不能多喝的，想喝的话可以自己动手榨果汁。

（三）幼儿尝试动手提取蔬菜和水果中的色素，分享自己的操作过程

（1）师：除了能从橘子、橙子中提取出橙色色素，还有什么水果或蔬菜能提取出不一样的颜色呢？（幼儿猜测）

（2）教师介绍准备的材料和工具。

师：今天老师给大家准备了一些常见的水果和蔬菜，我们自己动手来试一试。请看，大屏幕中都有什么果蔬？

师：请你先想一想，你想用什么办法把果蔬汁染在面巾纸上？

（3）与好朋友说一说。

要求：请你想办法把果蔬汁染在面巾纸上。

（4）幼儿自己选择材料，想办法用果蔬汁染色，教师巡回指导。

（5）幼儿拿着自己的面巾纸分享自己使用什么材料、采用什么办法提取出什么颜色的色素。

师：谁愿意来讲一讲自己的实验过程？还有谁用不同的果蔬也提取出来了红色？你用的是什么方法？

（6）师小结：小朋友通过擀、压、捣的方式，提取出果蔬中的色素。从果蔬中提取的色素颜色与果蔬本身的颜色是一样的，是果蔬的固有色。

（四）观看PPT，了解食用色素在生活中的运用

（1）师：原来食用色素这么神奇，除了可以做果汁之外，它还可以做什么呢？

（2）师：为什么要把果蔬中的食用色素，用在这些食品和化妆品上呢？

（3）师小结：果蔬汁好神奇，能给各种各样的食物染色。这些能给食物染色的汁有一个共同的名字——食用色素。使用果蔬中的食用色素做出来的食物颜色鲜亮，食用起来口感好，有利于身体健康。

【活动延伸】

师幼共同品尝用果蔬做成的面点。

科学：认识小麦

【活动目标】

（1）了解小麦的特征及用途。

（2）知道农民伯伯劳动的艰辛，了解粮食的来之不易。

（3）养成爱惜每粒粮食的好习惯。

【活动准备】

（1）经验准备：幼儿品尝过小麦制品。

（2）物质准备：小麦图片、课件《好吃的面食》。

【活动过程】

（一）认识小麦

师：你们认识图片上的农作物是什么吗？你们见过小麦吗？在哪儿见到的？

（二）了解小麦的生长过程

（1）教师出示图片，让幼儿观察小麦的外形特征。

（2）师幼小结：小麦生长在土地里。小麦的茎叫作麦秸，空心、有节、光滑，麦叶狭长。茎的顶端长麦穗，麦穗有像针一样的麦芒，麦穗上的麦粒整齐地排列着。小麦未成熟时呈绿色，成熟时是金黄色的。

（三）小麦可以怎么吃

（1）师：你吃过小麦吗？（可以让吃过熟麦穗的幼儿讲一讲自己的感受）

（2）师：小麦还可以怎么吃？（教师出示课件《好吃的面食》）

（3）师幼小结：麦粒磨成面粉可以做馒头、面条、饺子、蛋糕、饼干、油条、面包等。

（四）麦秸有什么用

幼儿通过图片知道麦秸可用来烧饭、烧水，也可用来盖房子、造纸，还可用来编制各种用品，如草帽、扇子、凉席子、草编包等。

（五）爱惜粮食

（1）教师引导幼儿了解农民伯伯收割麦子的情景。

（2）幼儿观察图片：农民伯伯收割麦子、捆麦子、搬麦子时汗水直淌，脸是红的、衣服是湿湿的，非常辛苦。

（3）幼儿从中感受到收割麦子是辛苦的，知道应当尊重农民伯伯，要爱惜粮食。

【活动延伸】

教师带领幼儿到厨房参观怎样制作面点。

数学：种子点数

【活动目标】

（1）巩固认识10以内的数。

（2）能不受物体的大小和排列形式等影响，正确判断10以内物体的数量。

（3）愿意参与种子点数的游戏，并描述自己的发现。

【活动准备】

（1）经验准备：幼儿认识数字1～10。

（2）物质准备：数字卡片、种子点卡。

【活动过程】

（一）探究活动

（教师出示排列形式不同、疏密不同的花生、玉米、豆子，数量为10以内）

（1）师：卡片上有什么？它们的数量是多少？

（2）请幼儿根据花生、玉米、豆子的数量找出相应的数字卡片，贴在它们的下面。

（3）请幼儿排花生、玉米、豆子，想办法使排出的粮食让别人容易数清。请其他幼儿观察粮食的数量，并用相应的数字表示。请幼儿说一说自己是用什么方法数清的（如两两数、做标记数、分别取下数等）。

（二）游戏活动：找朋友

玩法：两组幼儿人数相等，一组幼儿每人手举1～10的种子点卡一张，另一组幼儿手举1～10的数字卡片一张。幼儿在场内走动，教师发出信号后，每个幼儿迅速找到对方举着相应数字卡片的伙伴，将卡片举起说"我是1（2、3、4……），我们俩是好朋友。"

（三）完成操作卡

（1）教师观察幼儿操作卡内容，请幼儿观察并进行点数。

（2）幼儿在教师引导下完成题目。

【活动延伸】

请幼儿在区角中继续完成游戏。

我爱"看"风景名胜

大班·上学期

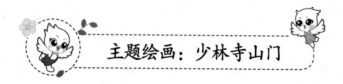

主题绘画：少林寺山门

【活动目标】

（1）通过观察、欣赏少林寺山门图片，学习画少林寺山门。

（2）通过画少林寺山门，初步了解、感受中国古建筑的对称美。

（3）在活动中进一步了解家乡的著名旅游景点，产生对家乡的热爱之情。

【活动准备】

（1）经验准备：家长提前带幼儿到少林寺参观游览。

（2）物质准备：少林寺山门的照片、绘画纸、水彩笔。

【活动过程】

（一）出示少林寺的照片，导入活动

（1）师：这是什么地方？你去过吗？（幼儿自由述说自己游览少林寺的见闻）

（2）师小结：少林寺是我们登封的著名旅游景点，每天都有很多人到少林寺来旅游，今天就让我们用自己灵巧的小手来把它画下来吧！

（二）引导幼儿欣赏、观察少林寺山门的图片，画少林寺山门

（1）教师引导幼儿整体观察少林寺山门，说一说它的特点。

师：少林寺的山门是什么样子的？它的房顶是什么样子的，像什么形状？墙壁是什么样子的？窗户是什么样子的，像什么形状？它和我们平时见到的房子一样吗？哪里不一样？如果让你来画一画，你会怎么画呢？

（2）教师重点引导幼儿观察少林寺山门的房顶和窗户，发现中国建筑中的对称美。

师：仔细观察山门的左右两边，你会发现什么？（左右两边是一样的）这是我们中国古代建筑的一个特点，叫作对称。你觉得这样的建筑好看吗？为什么？

（3）你还有什么问题吗？觉得自己会画吗？

（4）幼儿进行绘画，教师巡回指导。

（5）教师重点指导幼儿表现少林寺山门的顶及房角。

（三）展示与评价作品，小结，结束活动

（1）师：你最喜欢哪一幅作品？为什么喜欢？你觉得这幅作品哪里画得好？

（2）师小结：今天我们不仅画了家乡著名的旅游景点——少林寺，还了解了少林寺的一些知识。我们登封还有很多著名的旅游景点，下次我们一起来画一画吧！

【活动延伸】

通过观察、欣赏、绘画的形式，让幼儿进一步了解少林寺山门，请家长带幼儿重游少林寺。

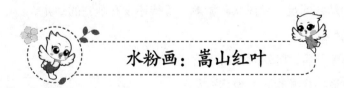

水粉画：嵩山红叶

【活动目标】

（1）通过观察图片，感受秋天嵩山红叶的颜色变化，尝试运用红、橙、黄几种渐变色来画树叶。

（2）初步尝试水粉绘画时，先铺画主要色调，再添画其他色彩。

（3）大胆运用水粉进行绘画，感受水粉画色彩艳丽、多变的特点，感受秋天嵩山的美。

【活动准备】

（1）经验准备：幼儿欣赏过红叶，有画水粉的经验。

（2）物质准备：水粉画的作画工具、嵩山红叶图片、嵩山红叶范图。

【活动过程】

（一）请幼儿欣赏嵩山红叶，感受嵩山秋天的美

（1）请幼儿欣赏秋天嵩山的美景，引出嵩山红叶。

（2）幼儿欣赏嵩山红叶，感受红叶颜色的变化，观察红叶的形状。

（二）欣赏范图，感受水粉作画时颜色的画法

（1）师：它的树叶是怎么画的？先画什么颜色？然后画什么颜色？为什么要这样画？

（2）师小结：我们在绘画时，要找到主色调，也就是画中运用最多的颜色，先画主色调，再来添画其他的颜色。

（三）幼儿作画，教师指导

（1）绘画前，教师应提醒幼儿先找到嵩山红叶的主色调是什么颜色。

（2）教师提醒幼儿注意卫生。

（3）幼儿绘画，教师指导，提醒幼儿大胆作画。

（4）画完的幼儿等作品晾干。

（四）带领先画完的幼儿做 "秋风吹" 游戏

（1）先画完的幼儿进行盥洗。

（2）师幼共同玩 "秋风吹" 游戏，等待还没有画完的幼儿。

【延伸活动】

等作品晾干后，师幼对作品进行评价。

师：你最喜欢哪幅画？为什么？

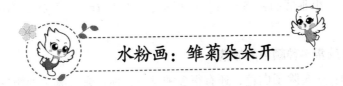

水粉画：雏菊朵朵开

【活动目标】

（1）通过欣赏图片，发现雏菊丛生和花瓣细长的特征，感受雏菊花特别的美。

（2）大胆尝试用自己的方法表现雏菊的色彩及外形特征，合理安排画面，用水粉画出一片生机盎然的雏菊。

（3）体验用水粉自主创作的乐趣。

【活动准备】

（1）经验准备：幼儿有用水粉作画的经验，幼儿有用报纸团印画的经验。

（2）物质准备：PPT课件，背景轻音乐，黑色卡纸、水粉笔、报纸团人手一份，调色盘若干，湿抹布若干，各色水粉若干，等等。

【活动过程】

（一）情境导入，印画绿地

（1）师：花匠在花园里的空地上撒下种子，过了一段时间会怎么样？（发芽）

师小结：会长出一片绿绿的花苗。

（2）师：现在我们用报纸团印画的方法，在黑色的卡纸上印满绿绿的花苗吧。

（二）欣赏雏菊——感知雏菊的主要特征

1. 花苞——感知画面的布局

（1）师：经过浇水、施肥，花苗慢慢长大，长出了一个、两个、三个……许多漂亮的花苞。

（2）师：花苗的哪里长出了花苞？

2. 幼儿欣赏——雏菊丛，感知雏菊花丛生的特征

（1）师：在花匠师傅的细心照料下，花苞开放了，这种花你认识吗？（雏菊）

（2）师：看看这片雏菊，你发现了什么？

（3）师：小雏菊们喜欢一群生活在一起，你挨着我，我挨着你……这就是一丛雏菊。

3. 幼儿欣赏多种颜色的雏菊

（1）师：雏菊除了白色，还有很多种颜色，你最喜欢哪一种颜色？

（2）师：雏菊还有哪些不一样的地方？（大小、高低、疏密等）

4. 观察雏菊花朵的特征

师：现在我们把一朵雏菊的花放大，仔细看，它是什么样的？

（三）想象创作，表现"一片雏菊"

（1）幼儿交流画法。

师：现在请你画雏菊花，你会怎么画呢？请仔细想一想，并和你的好朋友说一说。

（2）个别幼儿分享。

（3）幼儿想象创作，教师巡回适时指导。

师：现在就用你们自己的方法，在印画好的花苗上画满美丽的雏菊吧。

教师引导幼儿用多种色彩大胆构图，尽量使作品布局丰满一些。

（四）欣赏讨论——说一说朋友的雏菊哪里美

（1）师：你最喜欢谁的作品，为什么？

（2）活动结束，整理绘画材料。

【活动延伸】

将幼儿的绘画作品张贴在展览区，幼儿在区域活动时可以再次进行创作。

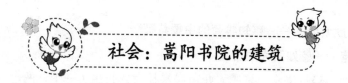

社会：嵩阳书院的建筑

【活动目标】

（1）通过欣赏视频、图片资料，初步认识嵩阳书院的现存建筑——大门、先圣殿、讲堂、道统祠、藏书楼。

（2）通过欣赏视频，了解其现存建筑的功能和用途。

（3）在活动中进一步了解家乡的著名旅游景点，产生对家乡的热爱之情。

【活动准备】

（1）经验准备：幼儿参观过嵩阳书院。

（2）物质准备：视频资料。

【活动过程】

（一）谈话活动导入主题

师：小朋友，大学是什么呢？中国有哪些著名的大学呢？世界各国也有许多著名的大学，你了解哪些呢？大学里有什么呢？（幼儿回答）

师：大家说的都是现代的大学。中国古代的大学会是什么样的呢？周老师带小朋友走进中国古代的大学——嵩阳书院。

（二）幼儿通过欣赏视频、图片，初步认识嵩阳书院的现存建筑

1. 幼儿观看视频

师：刚才你看到了什么，听到了什么？嵩阳书院有什么建筑呢？我们一起来认识它们好吗？现在老师就带小朋友走进大门、先圣殿、讲堂、道统祠和藏书楼。

2. 幼儿欣赏图片，总体了解嵩阳书院的古建筑

师：这是嵩阳书院的什么？门上有四个大字，会是什么呢？这会是嵩阳书院的什么呢？这又是嵩阳书院的什么呢？道统祠和藏书楼是什么样的呢？这是讲堂，这是藏书楼。我们再回顾一下嵩阳书院的这些建筑好吗？这些建筑有什么意义和价值呢？咱们一起来看一看。

（三）分部欣赏视频，帮助幼儿进一步了解现存建筑的历史价值和文物价值

1. 大门

（1）幼儿讨论。

（2）师提问：大门两侧柱子上的对联是哪位皇帝亲笔书写的？

2. 先圣殿

（1）师：先圣殿供奉的是谁呢？还有谁呢？（幼儿自由发言）

（2）师小结：先圣殿是嵩阳书院、读书人、学者和游客们祭祀孔子的场所。

3. 讲堂

师：讲堂是古代老师讲课、学生学习的地方。古代的讲堂和我们现在的教

室一样吗？（幼儿自由发言）

4.道统祠

教师引导幼儿了解道统祠为祭祀场所。

5.藏书楼

教师引导幼儿讨论并总结：藏书楼是古代储藏经典的地方，即现代大学的图书馆。

（四）小结，结束活动

古代嵩阳书院对社会的影响，就像现在清华大学、北京大学对我们的影响一样，人人都渴望到这里来读书、学习。高声誉的嵩阳书院，在咱们的家乡登封，你心里觉得怎么样？我们应该怎么做呢？像老师一样传承我们的文化，弘扬我们的精神，让更多的人了解、认识我们的嵩阳书院，好吗？

【活动延伸】

请幼儿和爸爸、妈妈再次游览嵩阳书院，参观每一座建筑。

大班·下学期

 剪纸：塔林

【活动目标】

（1）初步了解二方连续纹样的特点，尝试学习二方连续纹样的折剪方法。

（2）能用二方连续的方法折剪出塔林。

（3）感受登封的建筑及文化，喜欢、热爱家乡。

【活动准备】

（1）经验准备：幼儿会折纸、使用剪刀；幼儿初步掌握二方连续的折纸方法，了解塔的基本画法。

（2）物质准备：长条形彩色纸、笔、剪刀、白纸、胶棒、小筐子。

【活动过程】

（一）谈话活动

师：在我们登封有一处美丽的景点叫作塔林，你去过吗？你看到了什么？

（二）幼儿探索学习二方连续纹样的折剪方法

（1）教师出示制作好的塔林图片让幼儿欣赏。

（2）师幼共同探索用二方连续的方法剪出塔林：①向后、向前连续折；②画；③剪；④展开。

（三）动手折剪

幼儿动手折剪，教师巡回指导。

（四）粘贴构图

教师粘贴幼儿剪的塔林，构成美丽的图画。

（五）作品展示

（1）请个别幼儿介绍自己的作品。

（2）师小结：制作二方连续纹样的方法有很多种，我们下次再来学习。

【活动延伸】

在美工区多准备长条形彩色纸、笔、剪刀、胶棒、白纸，让幼儿在区域中进行练习。

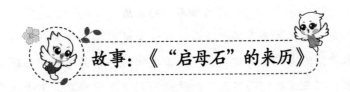

故事：《"启母石"的来历》

【活动目标】

（1）了解启母石的来历，理解启母石的文化含义。

（2）能简单叙述故事。

（3）了解登封文化，萌发爱家乡的情感。

【活动准备】

（1）经验准备：幼儿参观过启母石。

（2）物质准备：故事、图片。

【活动过程】

（一）教师出示图片，幼儿自由讨论

（1）师：孩子们，老师手中拿的这幅图片是什么？谁见过？它叫什么名字？

（2）小组之间互相讨论。

（二）教师讲述故事：启母石的来历

（1）师：这个故事的主人公是谁？它讲述了一件什么事情？

（2）师：变成石头的妻子叫什么名字？她是谁的妻子？

（3）教师再次讲述故事。

（三）教师介绍"启母石"的寓意

师：它教育我们，劳动创造了历史，面对恶劣的自然环境，我们只有勇敢地面对、不屈地斗争才能取得胜利。另外，这种斗争要讲究策略和方法，要遵循自然的规律而不要违背。更重要的是，它启迪人们：自然孕育了人类，爱护自然就是爱护人类自己；同样，破坏自然就是毁灭人类自己。只有保持人与自然的和谐发展，人类才能可持续发展。这在倡导爱护环境、关注生命的今天，是一个有益的启示。

【活动延伸】

通过本次活动，幼儿可以实地去寻找启母石并讲述故事。

附：

"启母石"的来历

传说在尧舜时代，天下洪水泛滥，吞没生灵。禹奉命来到嵩山一带治水。经过勘察水情，他决定在太室、少室两山之间的轩辕关劈开一条疏洪的通道。他忙于治水，"三过家门而不入"的佳话传到了玉帝那里，玉帝也为之感动，就将他变为一只力大无比的熊在轩辕关开山。禹妻涂山氏，为了支持丈夫的治水大业，虽怀有身孕，还是跟随禹来到嵩山住下。她与丈夫约定击鼓送饭，成了禹治水的坚强后盾。一天，禹在开山时无意间将一石块误触至鼓上，涂山氏闻鼓声急忙送饭，可寻丈夫而不见，只见一大熊击石开山。涂山氏心生惧意，向东跑去。她跑到万岁峰下时筋疲力尽，就变成一块大石。大禹赶到，见妻子成了石头，非常悲伤。他想起妻子将要分娩，便对大石高呼"还我孩子"。话音刚落，只见那大石发出一声巨响后迸裂，一个男孩破石而出。这个孩子就是夏启。而那块由涂山氏化成的大石，后人称为启母石。

在启母石的北侧约两米处，还有一块较小的石头。从侧面望去，可以明显看出它们彼此凸凹对应，显然，这块石头是从巨石上分裂下来的。想必这块较小的石头就是"启"了。

石头真的生下了孩子吗？传说毕竟不可能是真实的，传说中的"一声巨响"是启母石本身的节理发育造成的。这就是现实中的启母石！

社会：认识少林寺

【活动目标】

（1）认识少林寺常住院的布局结构。

（2）通过图片了解少林寺常住院现存建筑物的名称及来历。

（3）感受中国文化的博大精深，激发对家乡登封的热爱之情。

【活动准备】

（1）经验准备：幼儿去过少林寺。

（2）物质准备：图片、视频。

【活动过程】

（一）谈话活动导入主题

（1）师：你跟爸爸、妈妈去过少林寺没有？你都看到了什么？

（2）师：你对少林寺有哪些了解呢？今天我们一起来了解一下少林寺。

（二）欣赏图片和视频，初步认识少林寺的布局结构

1. 幼儿观看视频，简单了解少林寺的布局结构

师：刚才你看到了什么？听到了什么？

2. 教师出示图片让幼儿观察少林寺的布局结构

师：你们观察一下，看一看少林寺跟我们生活中见到的房子有哪些不一样。

3. 幼儿自由讨论并分享

师小结：少林寺主要包括常住院、塔林和初祖庵等部分，少林寺主体为常住院，从南向北依次是山门、天王殿、大雄宝殿、藏经阁（法堂）、方丈院、立雪亭、千佛殿。另外，常住院西边有塔林，北边有初租庵、达摩洞、甘露台，西南方向有二祖庵，东北方向有广慧庵。

（三）通过图片认识少林寺的现存建筑及历史价值

1. 教师出示图片，让幼儿知道现存建筑的名称

师：你们知道这些建筑叫什么名字吗？（塔林、石雕题刻、内外碑铭）

2. 让幼儿了解塔林及历史价值

（1）师：塔林是谁的墓寝？塔林现存从唐至今的各类塔有多少座？元塔有多少座？每座塔上都有什么？

（2）师小结：塔林是少林寺历代高僧、住持方丈的墓寝。塔林现存从唐至今的各类塔有256座，其中元塔有47座。塔林的中部偏东有一座建于1339年左右的"菊庵长老灵塔"，它的碑文和书丹出自"当山首日本国沙门邵元"之手。

3. 让幼儿了解石雕题刻及历史价值

（1）师：你都知道哪些碑石？它们为谁而建？

（2）师小结：寺内保存唐代以来碑石刻甚多，如《唐太宗赐少林教碑》《武则天诗书碑》《少林寺碑》等，都是为了纪念达摩面壁而修建的。

4. 让幼儿了解内外碑铭及历史价值

（1）师：少林寺内有一座著名的碑铭叫什么？

（2）师小结：它的全名叫《大元赠大司空开府仪同三司追封晋国公少林开山光宗正法大禅师裕公之碑》，这座碑翻开了元代大少林禅寺历史的第一页。

【活动延伸】

在美工区投放有关少林寺的图片，让幼儿尝试画一画少林寺。

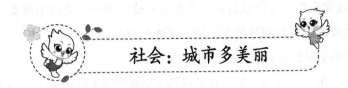

社会：城市多美丽

【活动目标】

（1）了解城市的旅游景点，知道文明出行的重要性。

（2）做一个文明出行的小游客，爱护家乡美丽的城市。

（3）萌发保护环境和古迹的责任感。

【活动准备】

（1）经验准备：幼儿知道保护环境的重要性。

（2）物质准备：课件。

【活动过程】

（一）通过谈话活动，教师带领幼儿游览登封美丽景点

（1）师：小朋友们，你们去过我们城市哪些美丽的景点？（中岳庙、嵩山、少林寺等）

（2）教师当"导游"，带领幼儿参观景点。

师：今天老师当"导游"，带你们一起去看一看我们美丽的城市。

（3）教师为幼儿介绍景点，激发幼儿对景点的向往之情。

（二）通过观看图片，教师引导幼儿发现不文明游览的现象，激发幼儿保护环境的意识

1. 教师出示图片（墙壁上乱涂乱画）

师：看一看，墙壁上是什么？这样的行为对不对？

2. 教师出示图片（攀爬名胜古迹拍照）

师：这是什么地方？看，那个人在干什么？我们能不能这样做？

3. 教师出示图片（乱扔垃圾）

师：接下来，我们来到了中岳庙，你们看地上到处是什么呀？

4. 教师鼓励幼儿描述不文明行为，激发幼儿保护环境的意识

师：除了我们看到的，在日常生活中你还发现了哪些不文明行为？我们应该怎么做?

(三)欣赏视频《美丽登封》,教师引导幼儿做一个文明小游客

(1)播放视频《美丽登封》,欣赏美丽的登封。

(2)教师引导幼儿保护环境,做文明小游客。

(3)师:作为城市的一员,我们应该怎么做使我们的城市更加美丽?

(4)师小结:为了让我们的城市更加美丽,我们应该保护环境,不乱扔垃圾,低碳出行,做一个文明的游客。

【活动延伸】

请幼儿画一画心中美丽的登封。

我爱"练"·少林武术

大班·上学期

泥工：少林小子

【活动目标】

（1）尝试运用团、搓、按、捏等技能制作少林小子，提高动手能力。

（2）在活动中乐意与同伴交流自己的作品。

（3）感受玩泥的乐趣，喜欢并积极参与活动。

【活动准备】

（1）经验准备：幼儿喜爱武术、喜欢练武术，幼儿有用陶泥制作人物的技能。

（2）物质准备：各种少林小子的图片、泥工少林小子成品一个、泥工板、陶泥。

【活动过程】

（一）谈话导入

师：我们登封是一个武术之城，有一群人非常热爱武术，他们叫什么呢？

（少林小子）对，他们把武术带到了世界各地，他们就是少林小子。

（二）观看幻灯片，师幼共同探讨制作方法

（1）师：今天老师带来了几张少林小子的图片，我们一起来欣赏一下。

（2）师：少林小子是什么样子的，和我们有什么不同？

（3）师小结：少林小子的头发、衣服和我们不同，他们还会厉害的武术呢！

（4）教师出示泥工少林小子的成品，师幼共同探讨制作方法。

师小结：小朋友们的方法都很好，采用团圆的方法来制作头和身体，用按的方法把两个身体部位连接起来，然后用捏的方法来做出他的手和脚，重点还要捏出少林小子的武术动作。我们一起来动手做一做吧！

（三）幼儿动手制作，教师巡回指导

（1）教师鼓励幼儿制作出不同造型的少林小子。

（2）教师重点指导幼儿在捏的过程中把少林小子的手和脚的武术动作捏出来。

（四）师幼共同欣赏、评价作品

（1）教师引导幼儿观看每一个作品。

（2）请幼儿说一说自己的见解，喜欢哪个作品，为什么？

【活动延伸】

在动动小手区投放陶泥、工具，激发起幼儿制作泥工少林小子的兴趣。

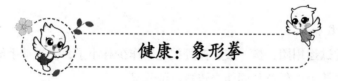

健康：象形拳

【活动目标】

（1）初步学习象形拳中的猴拳和蛤蟆拳。

（2）在看一看练一练中，感受象形拳的形象与逼真。

（3）感受家乡武术的魅力，增强爱家乡的情感。

【活动准备】

（1）经验准备：幼儿喜欢练习武术、做武术动作。

（2）物质准备：舒服的衣服和鞋子、场地、视频、图片。

【活动过程】

（一）教师出示图片，引导幼儿回忆并模仿动物的姿态，为学习象形拳打下基础

（1）教师出示猴子的图片，引发幼儿兴趣，并鼓励幼儿模仿猴子走路、跳跃、摘桃子、挠痒痒等动作。

（2）教师出示螳螂、蛤蟆等图片，幼儿依次模仿动物的动作。

（二）观看视频，感受象形拳的特点

（1）教师依次播放象形拳中的猴拳、螳螂拳、蛤蟆拳、鹰拳与蛇拳。

（2）幼儿欣赏并感受象形拳形象逼真、动作灵活的特点。

（三）学习猴拳与蛤蟆拳

教师引导幼儿重点观察猴拳与蛤蟆拳的动作与姿态并分层次练习。

（四）集体随音乐展示猴拳与蛤蟆拳，增强幼儿的自豪感

师小结：本次活动使幼儿感受到家乡武术的魅力，增强了幼儿热爱家乡的

情感。

【活动延伸】

教师把猴拳和蛤蟆拳的图片投放在区角内，幼儿在区角活动时进行模仿。

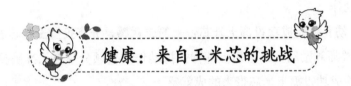

健康：来自玉米芯的挑战

【活动目标】

（1）通过自主探索玉米芯的各种玩法，初步学习肩上挥臂投掷动作。

（2）遵守游戏规则，敢于接受玉米芯的挑战

（3）在活动中勇于克服困难，让幼儿体验成功的快乐。

【活动准备】

（1）经验准备：幼儿接触过实物玉米，并了解过玉米芯的玩法。

（2）物质准备：废旧纸箱、较大的筐子、数量较多的玉米芯。

【活动过程】

（一）创设场景：设置玉米芯关卡，引起幼儿的兴趣

（1）教师引导幼儿观察玉米芯小道、玉米芯海洋、悬挂的玉米芯等关卡，

并提问：小朋友们，前面是一个由玉米芯设置的关卡，请你仔细观察每一个关

卡，想一想，我们该怎么通过才能既保护自己又能到达我们的训练基地呢？

（2）教师鼓励幼儿自由尝试，寻找不同的办法通过玉米芯关卡并顺利到达训练基地。

（二）师幼探索玉米芯的各种玩法，学习肩上挥臂投掷动作

（1）师幼相互讨论，探索玉米芯的各种玩法，并做简单的尝试。

师小结：小朋友们的玩法都很独特，那我们今天就选取投掷这一种方法来玩个尽兴吧！你认为肩上挥臂投掷动作的要点是什么呢？

（2）师幼共同学习肩上挥臂投掷动作的要领，并通过游戏掌握该动作的要领，教师适时指导动作做得不到位的幼儿。

游戏玩法一：以废旧纸箱为投掷目标，幼儿以分组的形式设定合适的距离进行肩上挥臂投掷动作的练习。

游戏玩法二：教师鼓励幼儿想办法让废旧的纸箱动起来，幼儿以动态的纸箱为目标练习肩上挥臂投掷动作。

游戏玩法三：将较大的筐子悬挂在空中，幼儿将其作为投掷目标练习肩上挥臂投掷动作。

（三）幼儿体验成功投掷玉米芯带来的成就感，分享投掷玉米芯的快乐

（1）教师鼓励幼儿结合肩上挥臂投掷动作的要领分享自己准确投掷目标的方法，体验成功投掷玉米芯带来的成就感。

师：在投掷的过程中，我发现有的小朋友一投一个准，有的小朋友则是投了好几下才投进去了，这是为什么呢？

（2）幼儿分享投掷玉米芯的快乐，幼幼之间相互借用玉米芯做放松活动。

师：小小的玉米芯，本领可真不小，带给我们这么多的快乐，让我们继续分享玉米芯带给我们的欢乐，做个轻松的运动吧！

（四）结束活动

师幼合作，共同放松。

【活动延伸】

在户外活动时，请幼儿继续练习肩上挥臂投掷的动作，继续玩游戏。

科学：倒立神功

【活动目标】

（1）通过实验操作，感受杠杆平衡的原理，发现小和尚倒立的原理与方法。

（2）通过想一想、猜一猜、试一试等活动，探索、发现小和尚倒立与辅助物的位置及轻重之间的关系。

（3）通过大胆猜测与操作，体验探究的乐趣。

【活动准备】

（1）经验准备：幼儿有记录操作单的经验。

（2）物质准备：小和尚道具、操作单、杠杆、笔、硬币、纽扣、回形针、小书夹。

【活动过程】

（一）教师出示小和尚道具，利用倒立引出杠杆平衡的原理，请幼儿自由探索

（1）师：孩子们，小和尚会什么本领？除了练武术还会干什么？

师：小和尚不仅会念经打坐，还会练功夫，这位小和尚会倒立神功。

（2）幼儿自由探索：怎样使小和尚在杠杆上保持平衡。

（3）师指导：我有一个办法，用两枚硬币贴在小和尚的身上，大家试一试。

（4）个别幼儿分享成功经验。

（5）师小结：这是利用了杠杆平衡的原理，生活中有很多这样的例子，如跷跷板、天平等。

（二）教师出示操作单，幼儿先猜想结果

（1）教师出示几种操作材料：回形针、扣子、小书夹。

师：哪种材料可以使小和尚在杠杆上保持平衡？

（2）幼儿说结果，教师记录猜想结果。

（三）幼儿自由操作，边操作边记录

（1）师：这是你们的猜想结果，那事实是这样吗？接下来，请你们自己操作，边操作边记录，看一看结果是什么。

（2）幼儿操作，教师巡回指导。

师：可以小朋友之间交流一下实验结果。

（3）请个别幼儿分享实验结果。

（4）幼儿说结果，教师记录。

（5）师：为什么小书夹成功了？

（幼儿猜想）

（6）师小结：回形针和纽扣比较轻，而小书夹比较重，所以小书夹能成功。

（四）挑战不可能

（1）挑战回形针。

师：回形针的实验只有一个人成功了，有29个人失败，那今天我们就挑战不可能，有信心吗？

（2）幼儿自由操作。

（3）师小结：这次为什么能成功？因为我们改变了它的质量。

【活动延伸】

探索：小和尚除了能在杠杆上倒立之外，还能在哪里倒立？

大班·下学期

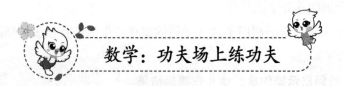

数学：功夫场上练功夫

【活动目标】

（1）能理解单幅图的图意，清楚地讲述图中事物之间的数量关系。

（2）能够根据单幅图编加法应用题，学习8以内的加法。

（3）能与同伴两两合作，互问互答互查，共同游戏。

【活动准备】

（1）经验准备：幼儿练习过简单的编应用题。

（2）物质准备：图片、操作单、笔。

【活动过程】

（一）学习看一幅图讲述图意，编加法应用题

（1）教师出示练功图，引导幼儿理解图意并编题。

师：以前小朋友会看3幅图编应用题，今天老师带来的是一幅图，你会根据这一幅图来编应用题吗？（请1~2个幼儿回答）

（2）教师根据幼儿的回答，引导幼儿集体说出图意并提出应用题。例如，练功场上有6个小和尚，又来了2个，练功场上一共有几个小和尚？教师也可以追问幼儿：你是怎么会编这道题的呢？

（3）教师再次引导幼儿观察一幅图。（明确原来练功场上有6个小和尚，又来了2个，现在练功场上一共有几个小和尚？）

（4）请个别幼儿试着讲述应用题并回答。教师带领全体幼儿完整说题。

（二）答题列算式，讲述算式所表达的意思

（1）师：怎样用一道算式来表示呢？（请个别幼儿做回答）

（2）师："6+2="这道算式表示什么意思呢？6表示什么？（原来练功场上有6个小和尚）"+2"表示什么？（又来了2个小和尚）"="表示什么？（现在练功场上一共有几个小和尚）

（3）集体认读算式。

师：我们一起来读一读这道算式：6加2等于8。

（三）幼儿分组操作活动

1. 第一、二组：看练功图编题列算式

师：今天的看图编应用题活动，要求小朋友们两人一组合作一起玩，两人轮流一人编题目，一人解答列算式。一题结束相互交换，再编下一道题，谁答题列算式谁保管记录单，直到把两道题都做完。

2. 第三、四组：看兵器图编题列算式

师：看兵器图列算式的规则和看练功图列算式的活动规则是一样的，也是两人一组轮流编题答题列算式。

（四）活动评价

（1）请个别幼儿介绍自己和同伴编的题以及所列算式。

（2）师：有哪些小朋友讲的图编的题不一样？谁愿意说给大家听？

（3）请个别幼儿说出自己列出与同伴算式相同，但所编题目却不同的情况。

（4）师：你们编的题目是同样的事吗？为什么编的题目不一样，但却列出了同样的算式呢？

（5）请个别幼儿做出自己的解释，其他幼儿做补充发言。（因为它们的数量关系是一样的）

（6）幼儿整理收放物品。

【活动延伸】

教师把材料投放在益智区，请幼儿继续编应用题。

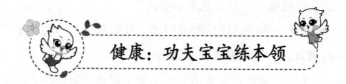

健康：功夫宝宝练本领

【活动目标】

（1）通过模仿图片，学习武松打虎、雄鹰展翅、螳螂捕蝉、金蛇出洞武术招式的动作要领，锻炼腿部力量。

（2）通过游戏，在高低不同的地方练习武术动作，发展身体平衡能力。

（3）体验坚持练习武术招式，获得成功的快乐，萌发继续学习武术的愿望。

【活动准备】

（1）经验准备：幼儿有基础武术动作练习的经验。

（2）物质准备：武术招式图片、体育器械、适宜的场地、音乐。

【活动过程】

（一）热身运动

（1）师：今天武术教练要在大二班选"功夫宝宝"参加武术表演，你们想不想参加？学功夫前，让我们跟着音乐先活动一下身体吧！（行礼）

（2）师小结：活动完身体之后，功夫宝宝们更精神了。

（二）幼儿模仿图片，学习武术招式的动作要领

（1）师：教练给我们送来了选功夫宝宝的秘籍，我们来看一下是什么。看！四张功夫招式图，请小朋友们来练一练、做一做。图中人做的是什么动作？他是怎么样做的？

（2）幼儿自由模仿学习武术招式，教师巡回指导。

（3）请个别幼儿展示武术招式。

（4）师：功夫宝宝们，你们学会了吗？谁愿意给大家表演一下呢？

（5）师：你刚才练的是什么招式？他的腿是什么动作？他的脚是什么样子的？他的手是什么样子的，做了什么动作，放在什么位置？我们一起来练一练这个招式。

（6）请幼儿分享下一个武术招式。

（7）幼儿听名称练习招式。

（8）再练习一次，巩固动作。

（三）教师引导幼儿重点观察腿部动作，练习单腿提膝站立，锻炼腿部力量

（1）师：你们有没有发现这些招式有什么共同之处？腿是怎样站立的？做了什么动作？

（2）师：单腿提膝站立的时候，你有什么感觉？怎样让自己站得更稳、立得更久一点？

（3）师小结：练习招式的时候，我们要腿蹬直、脚抓地，另一条腿提膝绷脚向前看。

（4）再次练习武术招式，比一比谁站得更稳、立得更久。

（5）幼儿集体挑战。

（6）师：接下来，我们来挑战。你觉得单脚站立能坚持几个数？你们敢挑战吗？我们一起练一练。

（7）师小结：你们能单脚站立这么长时间真是太了不起了！

（四）幼儿尝试在高低不同的梅花桩上练习武术招式

师：在平地上，你们把功夫练得这么好！你们能在梅花桩上练功吗？我们来挑战一下。

1. 幼儿站立在梅花桩上自由练习招式

师：站在梅花桩上练功和在平地上有什么不一样？

2. 听音乐跟口令练习招式

师小结：功夫宝宝们，我发现你们站在高处也能把这些招式做到位，动作做得有力量、有气势。

（五）表演武术招式

（1）武术教练表演武术套路，幼儿观看。

（2）师：你们觉得教练表演得好不好？好在哪里？他做的动作和我们做的有什么不一样？

（3）教练和幼儿一起表演武术招式。

（4）教练观看幼儿表演武术招式。

（5）师小结：你们表演得太精彩了！

（六）放松活动

（1）师：我们一起放松一下吧！拍拍胳膊，拍拍腿，弹弹腿，抖抖腿，相互揉揉肩膀。

（2）师：练习功夫，你们有什么感觉？

（3）师小结：今天，大家能不怕苦、不怕累，坚持练功夫，个个都是好样的。练武可以强身健体，让我们的身体棒棒的！以后，我们要喜欢练武术。

【活动延伸】

幼儿在现有的基础上练习其他武术动作，锻炼身体。

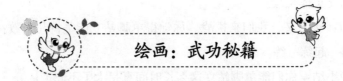

绘画：武功秘籍

【活动目标】

（1）通过观察、模仿武术动作，了解人物的手臂和腿部位置不同，身体姿态也不同。

（2）通过压印添画的方式，制作"武功秘籍"。

（3）在制作"武功秘籍"的过程中体验压印添画的乐趣和制作成功的快乐。

【活动准备】

（1）经验准备：幼儿会做简单的武术动作。

（2）物质准备：PPT、画纸每人一份、印泥、水彩笔、小毛巾。

【活动过程】

（一）谈话导入，教师引导幼儿观察、模仿武术动作

（1）师：孩子们，星期一下午我们观看了什么表演？老师用相机把哥哥姐姐们的表演拍了下来，我们一起来看一看吧！

（2）教师引导幼儿观察武术动作。

师：他的手臂动作是怎么做的，腿是怎么做的？你来学一学。

（3）你还会什么武术动作？

（二）制作"武功秘籍"

（1）师：老师也想多练练这种武术，因为它能强身健体。我怕自己忘了，想把这些动作记下来，怎么记呢？

请幼儿自由发言，说一说自己的想法。

（2）教师出示印画小人请幼儿观察：老师用了一种特殊的方法，你们看看，我是怎么画的？

请幼儿自由发言，并试一试功夫小人的制作方法。

（3）教师出示空白的"武功秘籍"，提出制作要求。

师：这是一本空白的"武功秘籍"，我们今天就用刚刚学到的本领制作一本自己的"武功秘籍"，在每个页面上印画一个功夫小人，每一个小人的武功动作都要不一样，所有的动作连起来就是一套武功。

（4）幼儿制作，教师巡回指导，提醒不会画的幼儿可以站起来做一做动作，观察一下自己的手臂、腿是怎么样放的。

（三）小结，结束活动

（1）师：制作好的小朋友可以站起来练一练，也可以和好朋友一起交换练一练。

（2）师：今天，我们小朋友真棒；学会了制作"武功秘籍"，等下次武术教练来给我们上课的时候，我们就可以用这种方法来帮助自己记住学过的武术动作。我们拿着"武功秘籍"再来练一练吧！

【**活动延伸**】

将"武功秘籍"制作材料投放到美工区，请幼儿继续进行创作。

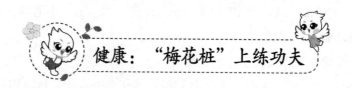

健康："梅花桩"上练功夫

【**活动目标**】

（1）探索奶粉桶的多种玩法，体验参与体育活动的乐趣。

（2）模仿图片，自由探索，分享学习站、走"梅花桩"的动作，发展身体的平衡性和协调性。

（3）喜爱家乡的武术，感受家乡武术的独特魅力。

【**活动准备**】

（1）经验准备：幼儿喜欢走"梅花桩"、喜欢做武术招式。

（2）物质准备：奶粉桶、武术图片。

【**活动过程**】

（一）**准备活动**

（1）队列、队形练习。

（2）师生共同做武术操，进行热身活动，同时，引发幼儿作为登封人的自豪感。

（二）**基本部分**

（1）教师以情境创设导入主题，引导幼儿自由探索奶粉桶的多种玩法。

师：今天少林寺的师傅给了少林小子一个任务——一人一个奶粉桶，看看你能玩出什么新花样。

（2）教师让幼儿集中站成圆圈，分享自己的玩法，并引出下一环节，练习站梅花桩。

①师：你们刚才是怎么玩的？谁愿意和大家分享自己的玩法？

② 师：你们的玩法都很有创意，刚才有的小朋友的玩法特别像我们少林功夫里的一种，瞧，老师今天也请来了一位师傅——

（3）教师出示图片，让幼儿模仿图片中的动作进行平衡练习。

师：少林寺的师傅站在哪里？我们今天可以用什么当"梅花桩"呢？站在你的"梅花桩"上学一学师傅的动作吧！

（4）幼儿自由创编站"梅花桩"的动作，展示动作。

① 师：你自己会不会创编出跟师傅不一样的武术动作呢？谁愿意给大家展示一下？

② 幼儿自由创编、展示动作，练习站"梅花桩"。

（5）请幼儿分组自由摆"梅花桩"，练习走"梅花桩"。

① 师：刚才我们站"梅花桩"的功夫练得很好，你想不想在"梅花桩"上走一走？怎么走？（幼儿讨论）

② 师：请每一组的小朋友自由摆出自己想走的"梅花桩"的造型，轮流走一走"梅花桩"。（幼儿分组摆"梅花桩"，练习走"梅花桩"）

（三）结束部分

（1）教师带领幼儿在音乐的伴奏下做放松活动，小结，结束活动。

（2）师：做了这么多运动，让我们休息一下，随着轻柔的音乐放松身心……

（3）师小结：今天我们少林小子完成了师傅交给我们的任务，开动脑筋用奶粉桶玩出了许多新花样，还练习了站、走"梅花桩"的功夫。小朋友们练完了武术是不是觉得整个人都精神了不少呢？所以，小朋友在平时要多做运动，多锻炼身体，有时间也可以练一练我们的少林功夫，只有这样才能让我们的身体更健康。这个奶粉桶就送给你们了，你们可以学习更多的新功夫跟小朋友们分享。

【活动延伸】

户外活动时，继续请幼儿练习走"梅花桩"。

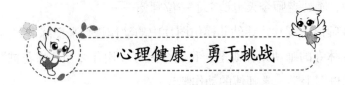

心理健康：勇于挑战

【活动目标】

（1）认识自己在练习五步拳时遇到的困难，懂得遇到困难时只有勇敢挑战，才有可能获得成功。

（2）学习用"试一试吧"这句话鼓励自己积极练习五步拳。

（3）体验克服困难后的成就感。

【活动准备】

（1）经验准备：幼儿能讲述自己在练习五步拳时遇到的困难。

（2）物质准备：武术招式图片、舒缓的轻音乐。

【活动过程】

（一）谈话

（1）师：小朋友们，你们遇到过困难吗？遇到过什么困难？你是怎么做的？

（2）师小结：原来，小朋友们在生活、游戏中常常会遇到各种困难，遇到困难是件很正常的事。

（二）听故事，讨论，了解弗洛格的困难

（1）教师介绍故事：今天老师带来了青蛙弗洛格的故事，我们一起来听一听弗洛格发生了什么事情。

（2）教师讲故事，幼儿听故事。

师：弗洛格怎么了？它遇到了什么困难？它是怎么做的？最后怎么样了？

（3）教师请幼儿说一说自己的困难及做法：小朋友，在学习五步拳时，你们遇到过哪些困难？谁愿意来分享一下？

（4）师总结：我们在练习五步拳时都会遇到困难，有的小朋友退缩了，有的小朋友坚持下来并获得了成功。

（三）挑战困难

（1）教师出示武术招式图片，让幼儿体会尝试的快乐。

① 教师请幼儿选择自己喜欢的五步拳招式，鼓励幼儿体验尝试练习的快乐。

② 师幼交流自己尝试练习后的心情，在谈话中渗透遇到困难时勇于挑战的重要性。

（2）教师让幼儿学习用"试一试吧"这句话，鼓励自己积极练习武术招式。

师：当你在练习五步拳遇到困难时，可以怎么鼓励自己勇于挑战？

（四）总结面对困难的方法

师：小朋友在练习武术招式的过程中会遇到很多困难，大家要积极面对困难，勇于挑战，认真学习每一个武术招式，坚持练习五步拳，这样，我们就能学会五步拳，我们的身体就会越来越棒！

【活动延伸】

再次练习武术时，教师可以用本节课的学习内容来鼓励幼儿。

我爱"吃"登封小·吃

大班·上学期

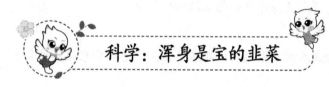

科学：浑身是宝的韭菜

【活动目标】

（1）通过观察、讨论、操作等方式，了解韭菜的生长过程，知道韭菜的各个部位都可以食用以及其药用功效。

（2）能积极参与探究活动，并参与制作韭花酱。

（3）体验动手劳作的乐趣。

【活动准备】

（1）经验准备：幼儿知道登封的特色小吃韭花酱。

（2）物质准备：韭菜实物、韭菜生长过程图片、课件、小盘、小勺、蒜白。

【活动过程】

（一）出示韭菜，激发兴趣，观察、讲述韭菜的特征

（1）师：今天，老师带来了一样我们常吃的蔬菜，你们看，是什么？

（2）每组一份韭菜实物，请幼儿观察其特征，并运用语言讲述自己的观察结果。

（二）了解韭菜的生长过程和再生特性

（1）请每组幼儿讨论韭菜的生长过程，并按顺序摆放图片。

（2）请个别幼儿分享本组讨论结果，对于不明白的图片进行讨论。

（3）教师带领幼儿认识韭苔、韭花外形特征及作用。

师：图上的人在采摘什么？我们看到的是什么花？

（4）教师出示割韭菜的图片，让幼儿讨论为什么要用镰刀割韭菜。

（5）教师介绍韭菜的再生特性。

（6）师幼小结韭菜的生长过程：种子—发芽—长大—韭苔—韭花。

（三）动手制作韭花酱，分享劳动成果

（1）师：韭花怎样才能变成韭花酱呢？（师幼讨论如何制作）

（2）师幼一起制作并分享韭花酱。

【活动延伸】

让幼儿和家人一起探索韭菜根的用途。

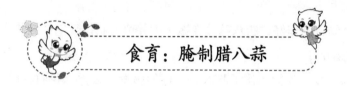

食育：腌制腊八蒜

【活动目标】

（1）了解腊八蒜的制作方法，知道腊八节有制作腊八蒜的习俗。

（2）通过动手制作腊八蒜，掌握制作腊八蒜的方法，提高动手操作的
能力。

（3）体验制作腊八蒜的快乐。

【活动准备】

（1）经验准备：幼儿会剥蒜、切蒜头。

（2）物质准备：腊八蒜制作过程PPT，大蒜、米醋、糖、干净玻璃瓶。

【活动过程】

（一）教师介绍腊八节，让幼儿了解腊八节的习俗

（1）师：你们知道今天是什么日子吗？你们早上吃了什么粥？（腊八节，
喝腊八粥）

（2）腊八节我们除了要喝腊八粥之外，还有一个习俗，就是腌制腊八蒜。

（二）幼儿看腊八蒜的图片，猜测腊八蒜的制作材料

（1）师：腊八蒜是什么样子的？（绿色）

（2）师：那我们制作腊八蒜需要什么材料？

（3）师：你们想不想制作腊八蒜？我们一起来看一看制作的过程。

（三）观看腊八蒜制作过程PPT，学习制作方法

（1）剥蒜，去掉蒜皮，将蒜剥成一瓣瓣的。

（2）切蒜头，用小刀把蒜头切掉。

（3）将蒜瓣放入干净玻璃瓶中，倒入米醋、糖，封口。

师：你们看懂了吗，请和小伙伴说一说怎么制作。

师：谁来说说怎么制作腊八蒜？

（四）动手制作腊八蒜，教师注意幼儿用刀安全

（1）幼儿分组制作，教师提醒幼儿注意用刀安全，剥蒜的手不要乱摸脸部，及时洗手。

（2）师幼将制作好的腊八蒜放在瓶子中并填上制作日期和制作人。

【延伸活动】

（1）师：今天我们制作了腊八蒜，你们感觉怎么样？我们以后每天观察一下腊八蒜，把观察结果记录下来。

（2）品尝腊八蒜，分享劳动的快乐。

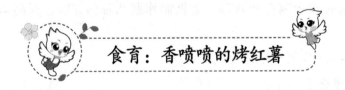

食育：香喷喷的烤红薯

【活动目标】

（1）了解红薯的营养价值和多种吃法。

（2）学习烤红薯的方法，能积极参与烤红薯。

（3）乐意动手操作，体验和同伴一起烤红薯的乐趣。

【活动准备】

（1）经验准备：幼儿有和爸爸妈妈一起挖红薯的体验。

（2）物质准备：挖红薯的录像、生红薯若干。

【活动过程】

（一）谈话导入活动

我们的家乡登封不仅风景优美，还有很多美食，你知道登封有哪些美食？

（幼儿自由发言）

师小结：登封是个好地方，美食可真不少。

（二）借助录像回忆挖红薯的过程

（1）教师播放挖红薯的录像，师幼交流挖红薯的过程。

（2）师：红薯有哪些营养价值？

（3）师：你们吃过红薯吗？红薯有几种吃法？

师小结：原来红薯有这么多吃法，可以做成红薯汤、蒸红薯、红薯饼、烤红薯、红薯粉、炸红薯，今天我们就来学习烤红薯。

（三）学习烤红薯

1. 交流怎样烤红薯

（1）师：谁知道生红薯怎样才能烤熟？

（2）师幼小结烤红薯的过程：洗干净红薯—放进烤箱—操作烧烤。

2. 动手烤红薯

（1）分组将红薯清洗干净，注意保持地面干净。

（2）分组把红薯放进烤箱里。

（3）操作烤箱上的烧烤按钮。

（4）等待红薯成熟。

3. 品尝烤红薯

（1）教师帮助幼儿打开烤箱，取出烤熟的红薯。

（2）闻一闻烤红薯的味道。

（3）品尝、分享烤红薯。

【活动延伸】

红薯还可以怎么做？我们下次再做吧！

大班·下学期

儿歌：《登封美食》

【活动目标】

（1）结合生活经验，运用谈话、借助图片等方式，理解快板内容，初步学习快板儿歌《登封美食》。

（2）在活动中，能大胆、积极参与快板表演。

（3）体验参与快板表演的乐趣。

【活动准备】

（1）经验准备：幼儿会使用快板，对登封的美食有一定的了解。

（2）物质准备：PPT课件、快板。

【活动过程】

（一）谈话导入活动

（1）师：咱们的家乡登封不仅风景优美，而且有很多美食。今天，我们来夸一夸家乡的美食，你知道登封有哪些美食？（幼儿自由发言）

（2）师小结：咱们登封是个好地方，家乡美食可真不少。

（二）借助图片学习快板内容

（1）教师出示4幅登封美食的图片，请幼儿用一句话介绍自己喜欢的美食。

（2）教师对幼儿的回答进行提炼概括，幼儿学习句子。例如，芝麻烧饼焦又香。

（3）教师表演快板儿歌《登封美食》。

师：你在快板儿歌里都听到了什么？（教师根据幼儿的回答出示对应的图片）

（4）师幼共同完整练习快板内容。

（齐诵、师幼接诵进行练习）

（三）幼儿用快板表演《登封美食》

（1）师幼一起用快板表演。

（2）师幼接诵进行快板表演。

（3）个别幼儿表演。

（4）幼儿集体表演。

教师鼓励幼儿大胆积极地参与表演。

（四）结束部分

师：除了今天我们介绍的登封美食之外，登封还有什么美食？你可以试着把它们编到快板中。

【活动延伸】

尝试创编登封其他美食的快板儿歌。

附：

登封美食

说家乡、夸家乡，登封是个好地方。

家乡美食真不少，一样一样您听好：

苍娃芥丝味够尕，芝麻烧饼焦又香，

羊肉烩面味道好，少林素饼香酥甜，

家乡美食数不完，我们的生活比蜜甜，比蜜甜！

歌唱活动：《家乡美食多》

【活动目标】

（1）借助图谱初步学唱歌曲《家乡美食多》。

（2）初步尝试用对唱的方法演唱歌曲，能用自然的声音进行演唱。

（3）喜欢歌唱活动，通过演唱表达对家乡的热爱。

【活动准备】

（1）经验准备：幼儿已经对登封的美食有所了解。

（2）物质准备：音乐、图谱。

【活动过程】

（一）春游导入活动

师：春天来了，今天老师带领你们一起去春游，我们要唱着好听的《春天来了》去春游！

（二）教师清唱歌曲，幼儿倾听

（1）第一遍倾听音乐，幼儿感受歌曲。

师：你听到了什么？你们觉得好听吗？

（2）第二遍倾听歌曲，幼儿说听到了什么。

师：你听到了什么？幼儿说出听到的歌词，教师将相应的图谱出示在黑板上。

（3）教师引导幼儿说出完整的歌词。

（三）幼儿跟随钢琴伴奏学唱歌曲

（1）请幼儿跟随老师和琴声看着图谱演唱歌曲。

（2）第二遍跟唱歌曲。

（3）教师退位，音量减小，请幼儿跟随琴声歌唱。

（四）学习用对唱的方法演唱歌曲

（1）幼儿问唱，教师对唱，引导幼儿学习对唱的方法。

（2）师幼交换角色对唱。

（3）幼儿与幼儿对唱。

（4）幼儿与幼儿交换角色对唱。

（五）我是文明的小导游

幼儿扮演导游与听课老师进行对唱。让幼儿体验对唱的乐趣，感受作为登封人的骄傲。

【活动延伸】

学会歌曲后，请幼儿回家唱给家人听，共同感受家乡登封的文化及美食。

附：

食育：好吃的荠菜

【活动目标】

（1）观察荠菜的外形特征，知道其名称。

（2）学习拣荠菜，了解荠菜的营养价值。

（3）萌发挖野菜的兴趣和热爱大自然的情感。

【活动准备】

（1）经验准备：幼儿有和家长一起挖荠菜的经验。

（2）物质准备：新鲜的荠菜若干。

【活动过程】

（一）引导幼儿观察荠菜的外形特征

师：孩子们，看桌子上放的是什么？你认识它吗？它叫什么名字？它长什么样子？

教师和幼儿每人拿一棵荠菜，从荠菜的形状和颜色，到根、叶、茎有次序地观察，可以闻一闻它的气味。若有开花的荠菜，还可以让幼儿看看它的小种子。

（二）了解芥菜的生长环境

（1）师：荠菜长在哪里？荠菜是人们种出来的吗？

（2）师小结：荠菜长在草地上、小河边、树丛中，是自己长出来的，我们又叫它野菜。

（三）了解荠菜的营养价值

（1）师：你吃过哪些野菜？怎么吃的？吃的时候有什么感觉？

（2）师：你还知道哪些野菜？你吃过哪些野菜？怎么吃的？有什么感觉？

（3）师小结：荠菜含有丰富的叶绿素，荠菜可以炒着吃、烫着吃，对人们的身体有好处。野菜有许多种，可以吃，营养好，现在人们已经开始种野菜了。我们小朋友也要喜欢它们，喜爱吃野菜，不挑食。

（四）组织幼儿拣荠菜

教师与幼儿共同把采摘的荠菜去除杂草后进行加工，大家一起品尝。

【**活动延伸**】

此活动可以结合春游开展进行。

我爱"赏"嵩山文化

大班·上学期

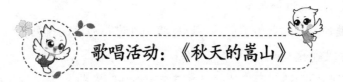

歌唱活动：《秋天的嵩山》

【活动目标】

（1）通过图片欣赏，理解歌曲的内容；在熟悉歌词内容基础上，熟悉歌曲旋律，能用自然的声音较连贯地演唱歌曲《秋天的嵩山》。

（2）在歌曲意境的感染下，根据对歌词的理解，创编表演动作。

（3）通过活动，抒发自己对嵩山的热爱，萌发爱家乡的情感。

【活动准备】

（1）经验准备：幼儿会唱歌曲《小树叶》。

（2）物质准备：秋天嵩山的图片6张、《秋天的嵩山》伴奏带。

【活动过程】

（一）教师通过听风的声音，引导幼儿发现秋天

（1）教师播放风声的录音，鼓励幼儿说出听到了什么。

（2）教师充当风婆婆，幼儿充当小树叶，玩落叶的游戏。

（二）发声练习

《小树叶》发声练习，教师鼓励幼儿用轻柔、优美的声音演唱。

（三）基本部分

（1）秋风的色彩，引出秋天的嵩山。

① 师：秋风不仅能和小树叶做游戏，还有神奇的本领。它把苹果吹得（幼：红彤彤），吹得鸭梨（幼：黄澄澄）。

② 师：秋风吹到我们的嵩山，嵩山会变成什么样呢？

③ 教师出示秋天嵩山的图片，请幼儿边看边讨论，让幼儿初步感知秋天嵩山的景色，为学习歌曲做铺垫。

（2）教师深情地范唱歌曲，帮助幼儿初步理解歌词，熟悉歌曲旋律。

（3）师：你们听到了老师唱了什么？（教师鼓励幼儿完整大胆地去说）

（4）教师将幼儿说出的歌词内容的图片展示出来，同时，教师及时演唱此句歌曲，帮助幼儿掌握歌词。

（5）教师鼓励幼儿按歌曲内容顺序将图片进行有序的排列，以帮助幼儿记忆歌词（分段进行）。

（6）教师鼓励幼儿用自然的声音有节奏地演唱歌曲。

① 看图片，教师鼓励幼儿尝试整体学唱歌曲。"我们看着图片一起来唱一唱。"

② 采用分组、轮唱、幼儿指挥等不同形式进行演唱。

③ 教师逐一将图片撤去，鼓励幼儿进行演唱，帮助幼儿复习巩固对歌曲的掌握。

④ 教师鼓励幼儿运用轻柔优美的声音有感情地演唱歌曲。

（7）教师鼓励幼儿用回声的形式演唱歌曲。

（四）结束部分

教师鼓励幼儿根据歌词内容和旋律创编表演动作。

【活动延伸】

幼儿学会唱，熟记歌词后，请幼儿画一画秋天的嵩山。

附：

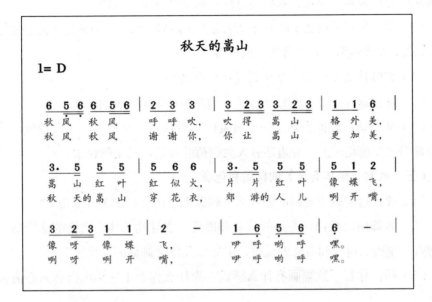

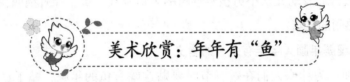

美术欣赏：年年有"鱼"

【活动目标】

（1）欣赏年画鲜艳的色彩和饱满的构图。

（2）初步理解年画所表达的含义。

（3）体会年画欢乐祥和的气氛和人们的美好愿望。

【活动准备】

（1）经验准备：幼儿已经欣赏过各种挂历、年画。

（2）物质准备：年画《年年有余》1幅、音乐《喜洋洋》。

【活动过程】

（一）初步感知年画的特点

（1）在《喜洋洋》的背景音乐伴奏下，教师和幼儿自由地欣赏活动室里的年画，自由地交谈、议论。

（2）师：今天欣赏的这些画是专门在过年时贴的画，这种画叫作年画，是我国独有的一种画，现在，农村还有贴年画欢度春节的习惯。

（3）师：你看了这些年画有什么感觉？（高兴、快乐、有种过年的感觉等）

（二）欣赏年画《年年有余》的内容

（1）教师让幼儿仔细观察年画《年年有余》。

（2）师：这幅画上有些什么？（让幼儿自由议论再发言。）

（3）师小结：画面上画了一个可爱的小男孩，手里抱着一条大鲤鱼，笑嘻嘻地盘腿坐在莲花座上，旁边还有大大的荷叶和结着桃子的桃树。

（三）欣赏《年年有余》的构图和色彩

（1）师：这幅画主要画的是什么？画家把它画在画面的什么地方？

（2）教师用白纸挡住旁边的荷叶和桃树，引导幼儿体会画面的饱满感，再分别露出左边的荷叶和右边的桃树，引导幼儿体会画面的均衡感。

（3）师：你看了这幅画有什么感觉？为什么你看了这幅画会感到心情很愉快呢？

（4）教师启发幼儿从小男孩笑嘻嘻的表情及红、黄、绿鲜艳明快的色彩上体会喜庆热闹的气氛。

（四）理解年画《年年有余》的含义

（1）师：为什么人们在过春节时要贴这幅有鱼的年画？贴了这幅有鱼的画，是希望家里怎样？（希望年年丰收，生活富裕）

（2）师：画中的桃子又有什么寓意？（年画上的"桃子"是希望家里的人健康长寿）

（3）师小结：今天，我们欣赏了年画，知道了年画色彩鲜艳、画面饱满，有一种欢乐祥和的气氛，表达了人们的美好愿望。

【活动延伸】

幼儿可以自己设计一幅"年年有余"的画。

音乐欣赏：《牧羊曲》

【活动目标】

（1）欣赏歌曲《牧羊曲》，感受乐曲的优美和节奏的变化美。

（2）通过欣赏电影《少林寺》片段，感受歌曲《牧羊曲》如说如唱的意境美。

（3）在音乐欣赏中感受音乐的魅力。

【活动准备】

（1）经验准备：幼儿看过电影《少林寺》。

（2）物质准备：歌曲《牧羊曲》、《少林寺》片段、PPT。

【活动过程】

（一）观看电影《少林寺》片段，倾听歌曲《牧羊曲》，初步感知音乐的优美

1. 随音乐入活动室

师：你们看过电影《少林寺》吗？（幼儿跟随音乐和教师一起在活动室观看电影《少林寺》片段，幼儿初步感知歌曲《牧羊曲》的优美）

2. 初步感受音乐的优美

师：刚才听到的音乐名字你们知道吗？听了这首《牧羊曲》，你的心情怎么样？

（二）无画面欣赏歌曲《牧羊曲》，再次感受乐曲的优美和乐曲中节奏的变化

1. 再次倾听歌曲《牧羊曲》，感受音乐的歌词

师：你听到了什么？你感觉它描写的是哪儿的景色？

2. 在交流中感受音乐节奏的变化

（1）师：给同伴哼唱出你最喜欢的地方。

（2）小组分享：感受节奏的变化美。

（3）教师注意帮助幼儿感受音乐节奏的变化美。

（三）再次完整地欣赏音乐，幼儿随音乐自由表现

（1）请幼儿跟随音乐自由地表现自己。

（2）师：关于这首《牧羊曲》，你们还想了解什么？

（3）幼儿尝试哼唱歌曲，并能和同伴一起表现音乐。

【活动延伸】

（1）请幼儿回家后和父母一起欣赏《牧羊曲》，和他们交流音乐中更多的元素。

（2）在表演区中的音乐里增加《牧羊曲》，以便幼儿进一步感知、创作。

 故事：《程门立雪》

【活动目标】

（1）通过欣赏故事，了解故事发生的背景、地点。

（2）通过观察图画，了解杨时的求学过程。

（3）感受主人公尊师重道、诚心求学的精神。

【活动准备】

（1）经验准备：幼儿已参观过嵩阳书院。

（2）物质准备：PPT、视频。

【活动过程】

（一）观察封面

师：画面上有谁？他们在干什么？发生了什么事？

师：今天老师带来一个成语故事——《程门立雪》。

（二）欣赏故事——初步理解故事

（1）师：故事里发生了什么？我们来听一听。

（2）师：故事里面都有谁？他们要干什么呢？

（3）师：他们来到书院之后，看到了什么？他们是怎么做的？

（4）小组讨论：老师睡醒后看到他们，说了什么？他们是怎么做的？最后老师收他们为徒了吗？为什么？

（三）再次欣赏故事，深入理解故事内容

（1）师：故事发生在什么季节，什么地方？故事中的主人公叫什么？老师是谁？

（2）师：欣赏完这个故事，你有什么感受？

（3）师：在这么恶劣的环境下，主人公仍坚持求学、不放弃，而我们的生活环境这么好，我们更应该努力学习。

【活动延伸】

请幼儿在爸爸妈妈的带领下，再次去嵩阳书院参观。

附：

程门立雪

程颢、程颐兄弟俩都是宋代极有学问的人。进士杨时，为了丰富自己的学问，毅然放弃了高官厚禄，跑到河南颍昌拜程颢为师，虚心求教。

后来程颢去世，杨时已有40多岁，但仍然立志求学，刻苦钻研，他又跑到洛阳去拜程颢的弟弟程颐为师。于是，他便和他的朋友游酢一块儿到程家去拜见程颐。但是正遇上程老先生闭目养神，坐着假寐。这时候，外面开始下雪。这两人求师心切，便恭恭敬敬侍立一旁，不言不动，如此等了大半天，程颐才慢慢睁开眼睛。他见杨时、游酢站在面前，吃了一惊，说道："啊！他们两位还在这儿没走？"这时候，门外的雪已经积了一尺多厚了，而杨时和游酢并没有一丝疲倦和不耐烦的神情。

大班·下学期

儿歌：《我的家乡是宝篮》

【活动目标】

（1）学习和感受儿歌的意境，理解儿歌所展现的嵩山四季景观特征。

（2）在理解感知诗歌"山"的结构的基础上，学习仿编诗歌，用诗歌的语言表述个人经验和想象内容。

（3）增进热爱家乡大自然的情感。

【活动准备】

（1）经验准备：幼儿具有初步仿编经验。

（2）物质准备：嵩山四季图片。

【活动过程】

（一）帮助幼儿理解感知作品

（1）教师有表情地朗诵诗歌。

师：小朋友，我们都知道我们周围的很多石头都是来自山上的。那你们都知道什么样的山呢？我们这边有一座沙山，高高的，山上有很多的树，叫嵩山。

（2）幼儿听诗歌，欣赏诗歌中的优美语句，感受春夏秋冬的主要特征及色彩的变化。

师：你刚才都听到了什么样的山呢？

（3）幼儿讲述自己第一遍听到的诗歌内容。

（二）教师再次朗诵诗歌，帮助幼儿进一步熟悉诗歌，体验诗歌的意境

（1）教师带领幼儿一起朗诵这首诗歌。

（2）师幼讨论：

① 为什么说春天的山是花篮？

② 为什么说夏天的山是金篮？

③ 为什么说秋天的山是果篮？

④ 为什么说冬天的山是银篮？

⑤ 而我们家乡的山是"宝篮"？（结合家乡的嵩山讲述）

通过讨论，在教师的引导下，幼儿知道：春天是鲜花开放的季节，夏天是金色的阳光洒满大地的季节，秋天是水果丰收的季节，冬天是漫天白雪铺满山林的季节。（幼儿对这部分经验可能不够，教师出示图片让幼儿进一步感知什么是鲜花开放，什么是金色阳光洒满大地，什么是漫天飞雪。）

（三）帮助幼儿感知，理解诗歌中象征手法的运用

师：我们可以将春天的山比喻成花篮，夏天的山比喻成金篮，秋天的山比喻成果篮，冬天的山比喻成银篮。

（四）引导幼儿按诗歌的格式创编诗歌，要求幼儿先确定诗歌名字

用"春天的××是××，夏天的××是××，秋天的××是××，冬天的××是××"的格式进行仿编。

【活动延伸】

把嵩山替换成登封其他地方，请幼儿尝试仿编诗歌。

附：

我的家乡是宝篮

春天的嵩山是花篮，夏天的嵩山是金篮，

秋天的嵩山是果篮，冬天的嵩山是银篮，

我们的家乡是嵩山，家乡的嵩山是宝篮。

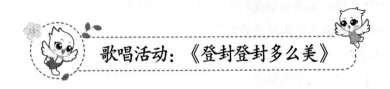

歌唱活动：《登封登封多么美》

【活动目标】

（1）学习用图谱辅助法记忆歌词，并用自然的声音完整地演唱。

（2）能根据提示创编说唱部分。

（3）感受歌曲表达的情感，尝试用歌声表达自己对家乡的爱。

【活动准备】

（1）经验准备：幼儿会哼唱《牧羊曲》。

（2）物质准备：音乐、展架、图片。

【活动过程】

（一）入场和练声

（1）师：孩子们，在这秋高气爽的上午，让我们端正自己的身体，哼着《牧羊曲》来排练厅活动吧。

（2）师：路上我们碰到这么多老师呀，给老师打个招呼——"老师你好、你好！"

（3）师：这是哪儿？用我们最好听的声音告诉嵩山我们来了——"嵩山，我来了！"

（4）师：这是什么声音？你们还想对嵩山说什么？

（5）幼幼分组练声。师：你们想试试回音吗？男女孩分组，谁愿意做回音？好，女士优先，男生想对女生说什么？

（6）交换练声。

（7）师：我们到上边看一看，还有什么惊喜？跟你的同伴说一说，你都认识哪些景点？一个版面上有几个景点呀？那我们连着说出两个景点的名字，来，试试看——少林寺、中岳庙……

（二）学唱歌曲

（1）师小结：这么多美丽的景点都在我们的家乡登封，老师为自己是登封人而感到自豪和骄傲。我真想唱歌来歌颂家乡，你们愿意听吗？找个位置坐下来，请欣赏《登封登封多么美》。（教师清唱，速度要慢，演唱要美）

（2）师：我的家乡美吗？你听到了哪一句？（教师出示幼儿说他听到的内容的相应图谱）

（3）师：老师再唱一遍，你们听一听，歌曲里还藏着哪一句？（清唱第二遍）

（4）配伴奏看图谱，让幼儿完整地听老师演唱一遍，幼儿小声地跟唱。

（5）师：大胆地唱出来你会的，不会的老师带领你们唱。

（6）轮唱：

① 老师第一句，幼儿第二句，最后两句合唱。

② 幼儿第一句，老师第二句，最后两句合唱。

③ 男生第一句，女生第二句，最后两句合唱。

④ 女生第一句，男生第二句，最后两句合唱。

⑤ 分组唱：幼儿领唱，老师唱回音。

⑥ 分组唱：老师领唱，幼儿唱回音。（回音可真好听呀！）

⑦ 分组唱：幼儿领唱，听课老师唱回音。

⑧ 分组唱：一半幼儿领唱，一半幼儿唱回音。

⑨ 创编说唱部分：我们的家乡还有哪些美丽的景点？

没有唱出来？看看版面，边说边打节奏。

⑩ 鱼贯式地练习创编歌词。

师：登封还有什么景点？你知道吗？

请幼儿依次创编。

⑪ 幼儿完整地表演歌曲。

（三）结束活动

师：从你们的歌声中，老师听到了你们对我们家乡登封的爱，真是太感动了，假如下边坐的都是来自远方的朋友，我们都选择一个合适的地方，就像演员一样表演给他们看，宣传我们的家乡，那该有多么美！（幼儿分4组表演）

【活动延伸】

请幼儿回家后为家人演唱歌曲，宣传登封的美丽。

附：

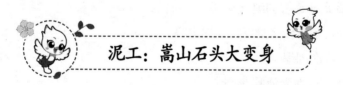

登封登封多么美

1= C

3.45 | 3.45 | 3 1 | 5̣ - | 3.45 | 3.45 | 3 3 2 1 |
登 封 登 封 多 么 美， 许 多 景 点 在 呀 在 这

2 - | 7̣.12 | 7̣.12 | 6̣7̣12 | 3.4 | 5.43 | 4.32 |
里， 要 问 我 都 有 啥 都 呀 都 有 啥？ 听 我 给 你

7̣5̣6̣7̣ | 1 - | X X X | X X X ‖ X X X X | X X X |
唱 一 唱， 少 林 寺 中 岳 庙 嵩 阳 书 院 观 星 台

5. 3 3 | 5 3 5 3 | 4. 2 2 | 4 2 4 2 | 7̣ 5̣ 1 3 | 5 - |
啦 啦啦 啦 啦啦啦 啦 啦啦 啦 啦啦啦 登 封 多 么 美

6 5 4 6 | 5 - | 6 6 6 4 6 | 5 4 3 | 2 6 7 5 | 1 - ‖
登 封 多 么 美 啦 啦啦啦啦 啦啦啦 家 乡 多 么 美

泥工：嵩山石头大变身

【活动目标】

（1）根据石头的形状大胆想象，用橡皮泥进行塑形。

（2）通过观察图片，拓展想象思维，调动相关的泥塑技能进行创作。

（3）感受并欣赏对生活自然物进行创造后所带来的审美愉悦。

【活动准备】

（1）经验准备：幼儿参与过对形状或不规则图形或生活物品的想象，有团圆、压扁、搓长等泥塑的技能。

（2）物质准备：石头若干、各色油泥、借助石头做成的作品一件、课件。

【**活动过程**】

（一）幼儿从不同角度观察石头，进行创意想象

（1）师：（出示一块石头）老师从嵩山脚下捡来一块石头，你们仔细看一看，这块石头像什么呢？

（2）师：（转动石头的方向）这样再看一看，石头又像什么呢？（幼儿自由发言）

（3）师小结：原来同样一块石头从不同的角度看，就会有不一样的感觉。

（二）欣赏根据石头形状创作的泥塑作品，结合已有经验了解制作方法

1. 观察蝴蝶泥塑作品

（1）师：我们一起来看一看，这块石头在橡皮泥的帮助下变成了什么呢？

（2）师：石头的部分是蝴蝶的哪里？蝴蝶的什么地方是在橡皮泥的帮助下做成的？蝴蝶的翅膀粘在了石头的什么地方呢？

（3）师总结：这个作品是通过橡皮泥和石头的组合来完成的。其他的石头还有不同的形状，也可以用橡皮泥塑成可爱而美丽的作品。现在，我们一起来看一看，它还变成了什么？

2. 教师出示幻灯片，幼儿欣赏多幅橡皮泥作品，拓展想象，丰富经验

师：这里还有很多用石头和橡皮泥组合的创意作品，我们一边欣赏，一边想一想，这些作品在石头上用橡皮泥添加了哪些部分？

（三）幼儿了解操作步骤，明确操作的要点，进行自主创作

（1）选择一块自己喜欢的石头，先从各个角度观察这块石头最像什么。

（2）用橡皮泥进行塑形。

（四）作品赏析，拓展创意

（1）欣赏作品，猜测作者的创意。

师：你觉得这是什么？从哪里看出来的？

（2）听作者介绍自己的创意。

【**活动延伸**】

把幼儿作品放在户外的种植区美化环境，激发幼儿的创作想象力。

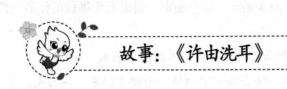

故事：《许由洗耳》

【活动目标】

（1）欣赏故事，理解故事内容。

（2）通过观察、讨论，进一步理解许由洗耳的故事内容。

（3）感受许由淡泊名利的文人气节。

【活动准备】

（1）经验准备：幼儿通过问家长或上网查阅资料了解过颍河。

（2）物质准备：PPT、视频。

【活动过程】

（一）观察图片，猜测故事

（1）师：画面上有谁？他在干什么？猜一猜，发生了什么事？

（2）师：今天老师带来一个成语故事《许由洗耳》，你觉得许由为什么要这么做？下面请欣赏故事《许由洗耳》。

（二）欣赏故事，初步理解故事

（1）师：许由是一个什么样的人？为什么大家要找他当官？

（2）师：谁找他了？尧找他做什么？找了他几次？

（3）师：许由答应了吗？为什么？许由没有答应，他做了什么？

（4）讨论：许由为什么要洗耳？

（三）再次欣赏故事，深入理解故事内容

（1）师：你们知道故事中的颍河在哪里吗？许由是哪里的人？

（2）师：许由洗耳的故事就发生在登封颍河边上。你欣赏许由吗？为什么？如果你是故事中的许由，面对这种情况，你会怎么做？

【活动延伸】

请家长带领幼儿了解颍河。

附：

许由洗耳

古时有位贤人叫许由，他品格端方，淡泊名利，赢得了帝尧的尊重。帝尧不仅多次向他请教处世为君之道，还想把首领之位禅让给他。许由不但不接受，而且逃到颍水之滨的箕山脚下隐居。后来，帝尧又想委任他做九州长，结果不等传达的人说完，许由就忙不迭地跑到颍水边去洗耳朵，表示不愿意让这种世俗的声音玷污了自己的清听。此时，他的隐士朋友巢父正好牵牛经过，闻听此事后，语带讥诮地说："你如果一直居于深山，不与世人交往，又有谁会来打扰你呢？现在你这样做，只是故作清高，沽名钓誉罢了，我还怕这水被你污染，牛喝了会害病呢！"说完便牵着牛到上游饮水去了。

许由洗耳的故事能够被后世传诵，关键在于它反映了文人对政治的复杂情感——既希望得到权力的眷顾，又不愿意放弃独立的人格。同时，它表明了一种姿态——即使是被儒家看作黄金时代的尧舜治世，也不能羁绊文人高洁的心灵，更遑论其他时代了。因此，"许由洗耳"这一典故被各种艺术作品广泛引用，虽然表现手法各有不同，但都着重以"洗耳"表达文人的高洁和自爱。

我爱 "玩" 民间游戏

大班 · 上学期

健康：星星过月

【活动目标】

（1）学习游戏 "星星过月" 的玩法，掌握游戏规则。

（2）能发挥想象力，创编不同造型的动作。

（3）愿意积极参与游戏，体验与同伴合作带来的快乐。

【活动准备】

（1）经验准备：幼儿会创编不同造型的动作。

（2）物质准备：舒服的衣服和鞋。

【活动过程】

（一）谈话导入活动

师：孩子们，你们会表演吗？喜欢猜谜游戏吗？今天你们就来当小演员，玩一个表演和猜谜的游戏。

（二）讲解玩法

1. 教师请2名幼儿到前面示范，做猜测的人，另请3名幼儿表演动作

玩法：请一名幼儿坐在前面，蒙上另一个幼儿的眼睛，其他幼儿站一横排，依次轮流站在中间随意创编表演一个动作，并且相互之间创编的动作不能重复，表演完之后就可以站在另一边，前面坐着的幼儿要逐个说出其他幼儿创编动作的名称，如"表演蝴蝶的过去了""表演老虎的过去了""表演单脚跳的过去了"等。幼儿都表演完之后，被蒙眼睛的幼儿问："捉哪一个？"坐着的幼儿说："捉表演蝴蝶的那个"，然后被蒙眼睛的幼儿睁开眼睛去猜哪一个是表演蝴蝶动作的幼儿，并把他指出来。如果猜对了，刚才表演蝴蝶的幼儿就要被蒙上眼睛，其他幼儿继续创编动作表演。如果猜错了，被蒙眼睛的幼儿要继续猜。

2. 幼儿讨论：玩的时候要注意什么

师小结：表演动作的小朋友不能发出声音，看别人表演时要仔细想自己要做的动作，尽可能做到动作不重复，猜测时保持镇静，不要暴露。

（三）教师组织幼儿进行游戏

（1）幼儿分组自由游戏。

（2）幼儿分享游戏中遇到的困难。

（3）教师提示：在创编表演动作时，可以一次过一个人，也可以两个或三个小朋友共同表演一个动作。比如：一个小朋友背着另一个小朋友、三个小朋友跳舞等，只要动作不与别人重复就可以。

（4）教师介绍游戏名字："星星过月"。

（5）可以多次重复玩游戏，更换猜测和表演的人。

（四）小结活动

师：这个是老师小时候玩过的游戏，今天这个游戏你们玩得怎么样？怎样可以玩得更有趣？

【活动延伸】

请幼儿回家问一问爸爸妈妈，他们小时候还玩过哪些游戏。

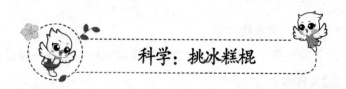

科学：挑冰糕棍

【活动目标】

（1）初步探索数字6的分成，知道将6分成2份有5种不同的分法，进一步掌握数的分成的互换规律。

（2）观察、发现分合记录结果中的规律，初步理解数的互补规律。

（3）能积极参与操作活动。

【活动准备】

（1）经验准备：幼儿有数字5以内分合的经验，会书写6以内的数字。

（2）物质准备：小棍每人6根、记录单、笔。

【活动过程】

（一）游戏

游戏：挑冰糕棍。

师：今天，老师请2个小朋友玩挑冰糕棍的游戏，谁想参加？

玩法：

（1）先请1个小朋友把6根冰糕棍握在手中并端立在桌面，松开手，让冰糕棍自己散落在桌上。

（2）2个小朋友轮流着把桌上的冰糕棍挑起来，每次只能挑一根，挑冰糕棍时不能碰到其他冰糕棍，如果碰到其他冰糕棍了，机会就要让给下一个人。

（3）2个小朋友轮流挑冰糕棍，直到冰糕棍完全挑完，最后数一数谁的冰糕棍多，挑得多的为胜。

（4）数一数，2个小朋友每人挑了几根冰糕棍？

（二）观察操作单，理解操作要求

（1）教师出示6根冰糕棍，请幼儿探索冰糕棍的分法。

每人6根冰糕棍，分给两个小朋友，可以怎么分？

（2）出示记录单，请幼儿观察并讲述操作要求。

6根冰糕棍分成两份，有很多方法，但是每种方法都只分了一份，另一份是几根冰糕棍呢？

（三）自主操作，完成操作单

（1）请幼儿取操作单，两人自由结队玩挑冰糕棍的游戏。尝试探索6的分合，知道分成2份合起来总数是6。

（2）边玩游戏边记录。

幼儿能先写总数和分合号，书写时注意保持正确的姿势。

（四）分享、讨论，初步理解数的互补关系

（1）请幼儿介绍自己的游戏结果。

（2）幼儿知道把6分成2份有5种不同的分法，发现记录结果规律：被分到两边的数，一边越来越大时，另一边越来越小。

师：观察记录单，你有什么发现？

师：这样记录结果有什么好处？

【活动延伸】

教师可以引导幼儿运用互补关系再次操作。

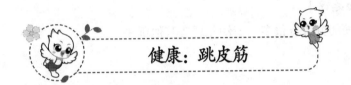

健康：跳皮筋

【活动目标】

（1）初步学习跨、踩等跳皮筋的方法。

（2）锻炼腿部力量，提高身体动作的协调性与灵敏性。

（3）对民间体育游戏跳皮筋产生兴趣，体验合作游戏的快乐。

【活动准备】

（1）经验准备：幼儿熟练地掌握蹦、跳动作。

（2）物质准备：皮筋10根、图谱。

【活动过程】

（一）热身运动

教师带领幼儿做上肢运动、下蹲运动、体侧运动、体转运动、腹背运动、跳跃运动、放松整理运动。

（二）基本部分

（1）教师示范跳皮筋的基本方法。

师：请小朋友仔细观察老师是怎么跳皮筋的。

（2）幼儿分享自己的观察。

师：老师是怎么跳皮筋的？脚的动作有什么变化？

（3）教师出示图片，幼儿学习跳皮筋的基本方法。

教师：请小朋友们认真看一看、说一说、试一试脚如何踩、跨皮筋。

（4）幼儿在线上练习跳皮筋的基本方法，教师巡回辅导。

（5）幼儿练习皮筋的玩法，教师巡回辅导脚踩、跨皮筋的方法。

（6）教师参与到活动中，和幼儿一起闯关，激励幼儿努力练习。

（7）结合闯关，皮筋一步一步不断升高，提高难度，幼儿再次练习。

（三）放松活动

（1）师：小朋友们今天玩得开心吗？你们喜欢这个游戏吗？

（2）幼儿自由结伴，互相轻捶腿部，重点放松下肢肌肉。

【活动延伸】

跳皮筋的方法有很多，请幼儿思考其他玩法。

美工：玩纸甩炮

【活动目标】

（1）通过逐步探索、观看图示，学习制作纸甩炮，体验制作成功的快乐。

（2）通过不断尝试，探索出玩纸甩炮的技巧。

（3）体验民间小玩具的乐趣，喜欢和同伴合作玩耍。

【活动准备】

（1）经验准备：幼儿会对边折，能分清楚折纸的里面和外面。

（2）物质准备：半成品的纸甩炮每人一个、长方形的广告单、示意图PPT。

【活动过程】

（一）展示纸甩炮，激趣导入

（1）师：今天老师带来一个小玩具，请大家闭上眼睛仔细听。

（2）教师在幼儿看不到的情况下，甩纸甩炮引起幼儿兴趣。

（二）说一说

（1）教师拿出纸甩炮，告诉幼儿刚才就是这个纸甩炮发出的响声，并提问：它是怎么叠的呢？

（2）请个别幼儿回答。

（三）幼儿自主学习制作纸甩炮

（1）师：老师今天为每个小朋友准备了一个纸甩炮，请你拿在手里仔细看一看是怎么叠的，记住它叠好的样子，然后打开看看，试着按上面的折痕再把它还原回去，看你能不能做到。

（2）教师给每个幼儿发一个纸甩炮的半成品，让幼儿观察讨论。

（3）教师带领幼儿观看示意图PPT，尝试折叠。

请幼儿自己观察，尝试折叠半成品。幼儿叠好后，再换一张新的广告单重新叠一个。

（四）幼儿玩纸甩炮

玩一玩，试一试，感受玩纸甩炮的乐趣。

（1）幼儿先分组玩纸甩炮。

（2）所有幼儿找空位展示玩纸甩炮。

（3）请甩响的幼儿上台分享交流，教师补充。

（4）师小结甩的技巧：炮筒朝下，捏住角，胳膊举起使劲往下甩。

【延伸活动】

教师示范让纸甩炮响两次，让幼儿猜测、探索怎样让一个纸甩炮连续响两次。

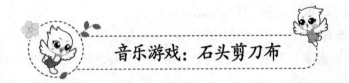

音乐游戏：石头剪刀布

【活动目标】

（1）通过猜拳游戏，理解歌词，学会演唱歌曲，初步探索游戏玩法。

（2）根据歌词内容创编动作和玩法，积极参与游戏。

（3）能遵守基本的游戏规则，体验猜拳游戏的快乐。

【活动准备】

（1）经验准备：幼儿会玩猜拳游戏。

（2）物质准备：音乐《猜拳游戏》。

【活动过程】

（一）师幼共同玩"石头剪刀布"，引起幼儿兴趣

（1）师：谁愿意来挑战老师？

（2）师：输的怎么办？平手怎么办？

（3）幼儿找好朋友一块玩"石头剪刀布"的游戏。

（二）学唱歌曲，创编动作

（1）教师清唱歌曲。

师：歌里都唱了些什么？

（2）跟音乐说歌词。

（3）幼儿跟唱歌曲。

（4）幼儿为歌曲创编动作。

① 师：怎样边唱边玩呢？

② 师：你觉得应该在哪一句出手呢？输了怎么办？

（三）师幼共同玩游戏

（1）教师做挑战的人，师幼跟着音乐玩游戏。

（2）请2个幼儿做挑战的人，邀请好朋友玩游戏。

（3）请4个幼儿做挑战的人，邀请好朋友玩游戏。

（4）请全体幼儿一起玩游戏，看谁赢的人最多。

（四）讨论

除了刚才的玩法之外，还可以怎么玩？

【活动延伸】

请幼儿探索除了用手玩"石头剪刀布"的游戏之外，还可以用身体的哪些部位来玩。

附：

石头剪刀布

小朋友我们行个礼，

握握手呀来猜拳，

石头布呀看谁赢？

输了就要跟我走。

大班·下学期

 科学：石子棋

【活动目标】

（1）通过观看老师下棋，初步理解"石子棋"的游戏规则——知道大棋子空一交叉点可以吃掉一个小棋子，而小棋子要想办法把大棋子围起来。

（2）在探索活动中学习"石子棋"的玩法。

（3）对"石子棋"感兴趣，喜欢玩"石子棋"。

【活动准备】

（1）经验准备：有下棋类游戏的经验。

（2）物质准备：棋盘，大石子和小石子各若干。

【活动过程】

（一）谈话引起兴趣

（1）师：你们都会下什么棋？

（2）师：除了你们会下的棋之外，你们还知道什么棋类游戏？

（二）观察棋盘的结构，分清楚双方的棋子

（1）师：我今天要下一种棋，请你们仔细看你们会不会下。

（2）师：首先，我要请出我的棋友，也是我今天的对手，××老师。这说明今天的棋是两个人下。

（3）教师出示棋盘，引导幼儿观察棋盘由5条横线、5条竖线组成，横线与竖线交汇处叫"交叉点"。

（4）教师出示棋子——3颗大棋子，15颗小棋子。

（5）两位老师协商选择各自的棋子并摆好棋盘。

（6）教师与幼儿共同阅读下棋的规则。（指挥大棋子的人：大棋子空一交叉点可以吃掉一个小棋子。指挥小石子的人：小棋子要想办法把大棋子围起来）

（三）幼儿观看教师下棋，了解"石子棋"的规则

（1）玩"石头剪刀布"，赢的一方先走棋。

（2）大棋子先走棋，吃掉一个小棋子，教师适时讲解：空一交叉点吃掉一颗小棋子。

（3）小棋子走棋，教师适时讲解：要想办法逼近大棋子，把大棋子围起来。

（4）走两步以后，让幼儿给教师出主意，看要怎么走棋，鼓励幼儿参与接下来的下棋过程。

（5）教师出示两张棋盘图，其中一张是只有大棋子的棋盘图，说明这是大棋子获胜后的棋盘，另一张是小棋子把大棋子全部围起来的棋盘图，说明这是小棋子获胜后的棋盘布局。

（四）幼儿结对并尝试与对手下棋

（1）幼儿同伴之间玩"石子棋"。

（2）教师鼓励幼儿说出刚才下棋过程中自己解决不了的难题。

（五）给"石子棋"起名字，教师小结

师小结：此棋不但能用石子做棋子，还可用瓶盖之类的小东西做棋子，只要将两方棋子按大小区分开就可以，不但可以在纸板上画棋盘，还可以捡个树枝在地上画一个棋盘，捡一些石子就可以玩。常玩棋类游戏可以发展思维能力以及小手的灵活性，让我们变得更聪明。

【延伸活动】

教师鼓励幼儿在区域游戏中继续玩"石子棋"。

附：

棋盘

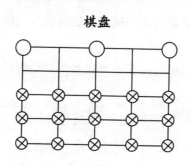

健康：跳房子

【活动目标】

（1）初步尝试单双脚跳，学习单双脚连续跳房子，锻炼腿部力量，训练动作协调性、灵敏性。

（2）幼儿探索"跳房子"的玩法，发展弹跳能力和创造思维能力。

（3）遵守游戏规则，体验与同伴合作跳房子带来的快乐。

【活动准备】

（1）经验准备：幼儿事先已掌握双脚、单脚跳的方法。

（2）物质准备：画有4种不同形状格子房子的场地一块。

【活动过程】

（一）热身运动

幼儿随音乐练习各种走的动作，如高人走、矮人走、脚尖走、脚跟走、脚内外侧走等。

（二）合作探索，尝试练习

（1）师：小朋友，请看场地上画有格子房子。请小朋友想一想，怎样玩这些不同形状的格子房子？

（幼：单脚跳、双脚跳、跨跳、分并腿跳、单双脚交替跳等。）

（2）请几名幼儿示范创意玩法。（教育幼儿在活动过程中不要互相碰撞，学会保护自己和同伴，学会商量合作、交往，规则是不踩到格子房子的边缘线。）

（3）师小结：请幼儿轮流演示自己的玩法及分享合作的创意玩法。

①师：你刚才和谁一起玩的？你们是怎样跳格子房子的？（鼓励幼儿介绍不同形状的格子房子的玩法或一种方式多种玩法。）

②师：你还能想出什么样的跳法来？你还能想出什么形状的格子房子呢？

（4）教师为幼儿示范连续弹跳的技巧，然后组织幼儿集中练习1～2次。

①教师讲解连续跳的方法、技巧、规则和安全事项：从第一个房子起点开

始，逐格单脚跳跃到终点；走到第二个房子起点，逐格双脚跳跃到终点；走到第三个房子起点，逐格跨跳到终点；走到第四个房子起点，逐格单双脚交替跳到终点。跳跃时，要求跳到格子中间，不能踩到边缘线。

② 幼儿玩"跳房子"游戏，教师重点指导幼儿在连续跳的过程中不踩边缘线。

（三）游戏："争夺红旗"

（1）玩法：幼儿分成人数相等的4组，完成4种方法的"跳房子"，夺得红旗的一组获胜。

（2）规则："跳房子"的时候不能踩边缘线，踩到线的幼儿须退回起点重新跳。一种跳法完成后，依次从旁边绕开，接着队伍继续第二种跳法。

（3）幼儿开始比赛。

（4）教师小结比赛情况。

（四）结束

幼儿擦汗，随音乐做放松运动。

【活动延伸】

幼儿在户外活动时间继续练习"跳房子"游戏的多种玩法。

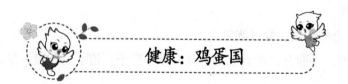

健康：鸡蛋国

【活动目标】

（1）通过唱念儿歌，尝试运用加速跑和身体的冲击爆发力来玩游戏"鸡蛋国"，并遵守游戏规则。

（2）发现制定好的挑选鸡蛋的策略对赢得游戏的帮助，知道在游戏中保护自己与同伴，增强安全意识。

（3）能大胆、勇敢地参与游戏，体验游戏活动的快乐。

【活动准备】

（1）经验准备：幼儿会玩猜拳游戏。

（2）物质准备：各种颜色的彩条、音乐。

【活动过程】

（一）开始部分

师幼听音乐、做热身活动。

师：小朋友，你们愿意当鸡蛋将军玩"鸡蛋国"的游戏吗？"小鸡蛋"要多学些本领锻炼好身体才行，我们随着音乐来锻炼吧！

（二）念儿歌，幼儿观察发现游戏"鸡蛋国"的玩法，掌握游戏的基本规则

（1）师幼集体念儿歌，挑选两队幼儿。

（2）创设游戏情境，教师简单介绍游戏玩法，指点"小鸡蛋"手拉手保护鸡窝时应该怎么拉，以及在撞对方鸡蛋大门时撞哪里才是最容易撞开。

（3）幼儿探索用猜拳的办法决定哪一方先来挑鸡蛋。

（4）请几名幼儿尝试玩"鸡蛋国"的游戏。

（5）幼儿集体探索发现：为什么有的"鸡蛋"能撞开对方鸡蛋国的大门，有的"鸡蛋"撞不开对方"鸡蛋国"的"大门"？

（6）师小结：小朋友拉手做大门时，手臂自然伸开，不要挤得太近；撞时要撞两手握着的地方；被挑到的"鸡蛋"要跑得快，撞大门时要用力；游戏中注意安全，用力地进攻和防护的同时要保护自己和同伴不摔倒。

（三）幼儿分组，尝试玩游戏"鸡蛋国"，教师巡回指导游戏

（1）师：今天我们分成6个不同颜色的"鸡蛋国"，每个"鸡蛋国"5个"小鸡蛋"，对面的两个"鸡蛋国"合作玩游戏。

（2）教师适时参与指导游戏，提醒幼儿遵守游戏规则，游戏时注意保护自己与同伴。

（3）师幼探索发现游戏中出现的问题，讨论解决问题的方法，如解决挑选鸡蛋时意见不一致的问题。

（四）全体幼儿分成两个鸡蛋国进行游戏比赛

（1）全体幼儿分成两组，并用较快的方法选出队长。

（2）双方由队长去请两名老师参与游戏，并思考要挑选哪位老师参与自己这一组。

（3）双方对念儿歌，开始游戏。

（4）当游戏有明显胜负时，结束游戏。掌声给胜利的一方庆祝，教师对暂时处于劣势的一方给予安慰鼓励，以增强他们下次游戏的信心。

（五）听音乐，整理放松，自然结束游戏

师：小鸡蛋，天气真晴朗，我们来放松一下，晒晒太阳，闻闻花香，身体打个滚儿，真舒服！

【活动延伸】

本游戏作为户外活动的选择项目，幼儿可以有所创新。

附：

鸡蛋国

鸡鸡翎，扛大刀，鸡蛋国里鸡蛋挑，请问你挑哪一个？我挑××。

我爱"知"农作物

大班·上学期

数学：猜猜有几颗花生

【活动目标】

（1）通过对数量为8或9的物品进行分解，感知8、9的分解。

（2）感受总数与部分数之间的关系。

（3）喜欢数学活动，乐意参与分花生的游戏。

【活动准备】

（1）经验准备：幼儿已练习过数字2～7的分成。

（2）物质准备：花生、记录单、笔。

【活动过程】

（一）在操作中探索8的分成

（1）师：今天，老师准备了一些花生，请小朋友们尝试着把花生分成两部分，看有几种结果。（每个小朋友拿8颗花生，探索8的分成）

（2）幼儿自由操作。

（3）教师根据幼儿的分成结果写出8的分成。

师：请问都有哪些结果？你们说，我来记录。

（二）幼儿自由探索9的分成

（1）师：接下来，请小朋友们一人拿9颗花生，自己探索有几种分成结果。

（2）教师出示记录单，请幼儿记录。

（三）对照检验，相互交流

（1）请个别幼儿介绍自己的结果，教师在记录单上记录。

（2）幼儿对照自己的记录结果，找一找自己记录单上有没有不同的记录，看一看一共有几种记录结果。

（3）教师出示一张排列有规律的记录单，引导幼儿观察并说一说和刚才记录过的记录单有什么不同。教师请个别幼儿回答。

（4）请幼儿自己念一遍排列有规律的分合式。

（5）幼儿分享自己排列规律的分合式是什么样子的，讲述自己的发现。

【活动延伸】

将花生和记录单放在活动区域内供幼儿继续操作记录。

科学：认识红薯

【活动目标】

（1）认识农作物红薯，初步了解其生长过程。

（2）初步了解烤红薯的制作方法，尝试用完整的语言，大胆、清楚地描述制作过程。

（3）初步了解红薯的不同吃法及对人体的益处，喜欢吃红薯制品。

【活动准备】

（1）经验准备：幼儿有挖红薯的经验。

（2）物质准备：实物生红薯、烤红薯、红薯制品及红薯生长过程PPT。

【活动过程】

（一）通过看一看、摸一摸、闻一闻，观察、认识生红薯

（1）师：桌子上都是小朋友今天带来的红薯，我们来认识一下。

（2）师：红薯长什么样子？摸起来什么感觉？闻起来是什么味道，你喜欢吃吗？

（二）教师出示图片，幼儿认识红薯的特征，了解成长过程

师：谁来说一说红薯是怎么长成的？我们一起来看一看红薯是怎么生长的吧。

（三）教师出示图片，幼儿认识红薯制品以及红薯的营养价值

（1）师：你喜欢吃红薯吗？你吃过哪些红薯制成的食品？

（2）教师简单介绍红薯的营养价值。

（四）教师出示烤红薯，介绍烤红薯的方法

（1）认识烤红薯。

师：孩子们，这个红薯和刚才看到的有什么不一样？摸起来什么感觉？闻起来是什么味道的。

（2）幼儿根据生活经验讨论烤红薯的方法。

（3）师：香喷喷的烤红薯太好吃了，谁知道它是怎么做的?

（4）幼儿讨论烤红薯的方法，教师根据幼儿的回答小结。

（5）教师出示图片，介绍烤红薯的方法。

【延伸活动】

请幼儿回家和爸爸妈妈一起尝试一下做香喷喷的烤红薯。

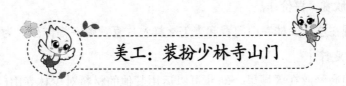

美工：装扮少林寺山门

【活动目标】

（1）通过观察图片，根据少林寺山门外形，尝试用高粱秆进行粘贴装饰。

（2）能根据图片对画出的少林寺山门进行初步的装饰加工。

（3）体验用高粱秆儿装饰作品的乐趣。

【活动准备】

（1）经验准备：幼儿能熟练使用剪刀，认识高粱秆儿。

（2）物质准备：高粱秆儿、胶水、剪刀、图片、绘画纸。

【活动过程】

（一）欣赏别人的作品（棉签、牙签粘贴出来的作品）

（1）师：今天老师请你们欣赏几幅图片，看一看，这些图片是用什么做成的？

（2）教师出示少林寺图片。

师：刚才我们欣赏了别人的作品。今天，请你们装扮咱们家乡登封少林寺的山门。你想用什么材料来装饰？

（3）请幼儿说一说自己的想法。

（4）师：少林寺的山门你想怎么装饰？（幼儿自由发言）

（二）教师介绍材料：高粱秆儿、胶水、剪刀和幼儿已画好的少林寺山门

（1）师：今天老师带来了几种装饰的材料，你们看，它是什么样子的？（长长的、细细的）怎样用这样的材料来装饰我们画出的少林寺山门呢？

（2）教师引导幼儿小结：剪刀是用来剪高粱秆的，长一些的可以用剪刀根据需要来剪短，胶水是用来把剪好的高粱秆儿根据画的少林寺山门进行粘贴装扮的。

（三）幼儿选择自己之前画的少林寺山门进行装饰，教师巡回指导

（1）提前协商规则：用剪刀的时候注意安全，用完放回盘子里；用胶水时，不要挤出来太多，要根据需要挤一点儿粘一点儿。

（2）幼儿开始动手装扮少林寺山门。

（四）欣赏、评价作品

师：现在这个少林寺山门看起来怎么样？你喜欢哪一幅作品？为什么？

【活动延伸】

把山门底画放在区域里，幼儿可以运用其他的材料对少林寺山门的底画进行装饰创作。

大班·下学期

数学：农民伯伯运粮忙

【活动目标】

（1）感知数字10的分解组成，掌握10的9种分法。

（2）在感知数的分解组成的基础上，掌握数的组成的递增、递减规律和互相交换的规律。

（3）通过分成练习，对数学产生兴趣。

【活动准备】

（1）经验准备：幼儿已有9的分成经验。

（2）物质准备："农民伯伯运粮忙"的课件、操作卡、记录单。

【活动过程】

（一）采用问答形式复习以前学过的数的组成和分解

师：我来问，你来答，9可以分成3和几？（幼儿边拍手边回答）

（二）学习10的组成和分解

（1）情境导入（教师出示课件）。

师：现在是秋收季节，小麦成熟了，农民伯伯把小麦捆成10捆，想用两辆车把它们拉回家，可以怎么分？（引出课题"10的分解与组成"）

（2）幼儿动手操作，把10张小麦记录卡分一分、记一记，思考10的多种分法，帮助农民伯伯分出不同的安排方法。

① 把幼儿分成10组，每4人一组。

② 每组请一名幼儿做记录，其余幼儿动手操作。

③ 教师根据幼儿操作情况总结10的9种分法。

（3）教师引导幼儿观察10的分解式，发现并总结10以内数的分解组成规律：①除1以外，每个数分法的种类都比其本身少1；②把一个数分解成两个较小的数，所分成的两个数合起来就是原来的数，即整体大于部分；③把一个数分成两部分，如果一部分增加1，另外一部分就减少1，即递增递减规律；④交换规律。

（三）游戏活动：找朋友

教师讲解游戏规则：幼儿每人手里拿一张写有数字的卡片，请前面的幼儿找座位上的幼儿做"好朋友"，要求两张卡片的数字加起来等于10。

【活动延伸】

将各种操作材料投放到数学区供幼儿操作练习。

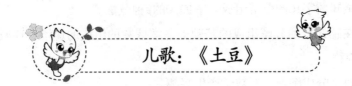

儿歌：《土豆》

【活动目标】

（1）复习儿歌，通过默念、控声等方式，能清楚、准确地发出"丝儿、皮儿"等儿化音；初步了解儿化音，感受它的好玩和有趣。

（2）在观察、讨论、合作中积极地去发现生活中更多的儿化音词汇，并运用较合适的儿化音词汇仿编儿歌。

（3）感受并体验仿编有儿话音词汇儿歌的乐趣。

【活动准备】

（1）经验准备：幼儿有使用儿化音的经验。

（2）物质准备：实物土豆、黑板、图片（大图6张、小图20张，正反两面图；土豆花若干）。

【活动过程】

创设情境：教师出示实物土豆。

师：它从我们的小菜园儿里来，今天给大家带来了一种新本领，这个新本领可以完成什么任务？又能发现什么秘密？请看图片。

（一）复习儿歌，发现秘密

1. 教师出示图片，带领幼儿看图复习儿歌

（1）利用多种形式练习儿歌（加快速度、默念、控声、发准儿化音），体验有儿化音儿歌的趣味性。

（2）师：如果把土豆变成其他的物品，把它也编到儿歌里，有信心挑战吗？

（3）教师出示苹果、番茄，引导幼儿发现儿化音，仿编儿歌。

师：孩子们，刚才的儿歌发音里藏着一个秘密，你们发现了吗？丝儿、皮儿、汁儿、籽儿、核儿，它们都是——儿化音。

师：你觉得儿化音说起来感觉怎样？——好玩、有趣，读起来有喜爱、亲切的感觉。

2. 师幼小结并引出下一环节

师：儿化音这个小秘密被你们发现了，第一项任务完成！击掌祝贺！

（二）**寻找秘密——儿化音**

（1）幼儿找出图片中的儿化音，并仿编儿歌（小鸟）。

（2）教师引导幼儿发现生活中的儿化音。

（3）从周围环境中寻找——根据已有经验发现有儿化音的词汇。

（三）**游戏：分组仿编儿歌比赛，赢得土豆花**

1. 方法

（1）看图仿编儿歌，组织幼儿分成红队和黄队两队进行比赛，每队7张图片，2~3名幼儿选择一张图片，相互合作，讨论仿编，仿编后，每队有3次分享机会。分享时，两队相互倾听当裁判，并由老师记录并奖励土豆花。

（2）规则：①儿化音找得合适；②说得清楚。

（3）教师询问幼儿对游戏规则是否清楚。

2. 比赛

（1）请2~3名幼儿自主选择图片，合作讨论仿编一首有儿化音词汇的儿歌。

图片内容：小鸡、带扣子的衣服、被子、靠垫、彩笔、茶杯、枕头、大葱、麦穗、油菜、桌子、椅子等。

（2）师幼对观察各组得土豆花的情况，进行总结。

教师宣布任务完成，幼儿鼓掌祝贺！

师：刚才我们看着图片编儿歌，等下一次我们不用图片来试试编儿歌好吗？

（3）师小结：请出小土豆，小土豆陪着我们学习了新本领，我们一起来谢谢它。刚才我们完成了小土豆交给我们的两项任务：第一项任务是发现了"儿化音"这个有趣的秘密，第二项任务是挑战用儿化音仿编了那么多好听的、有趣的儿歌。你们真是眼睛亮、耳朵灵、爱动脑、嘴巴巧的能干的孩子！让我们也陪着小土豆发芽、开花、结果吧！

【活动延伸】

（1）把图片放到语言区，供幼儿发现更多的儿化音，仿编出更多的儿歌。

（2）请幼儿在幼儿园和家里寻找更多的儿化音，感受它的好玩和有趣。

附：

土豆

土豆土豆，丝儿丝儿；

土豆土豆，皮儿皮儿；

土豆丝儿，土豆皮儿；

土豆丝儿皮儿。

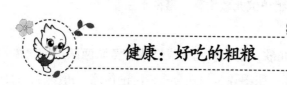

健康：好吃的粗粮

【活动目标】

（1）通过创设情境"粗粮点心店"，进一步感知粗粮的基本特征，知道它们的名称。

（2）认识生活中常见的粗粮，知道粗粮含有丰富的营养。

（3）愿意吃粗粮，知道吃粗粮有益于身体健康。

【活动准备】

（1）经验准备：幼儿有品尝粗粮食品的经验，家长有意识地引导幼儿谈一谈吃这些食物的感受。

（2）物质准备：实物南瓜、玉米、红薯、紫薯等粗粮若干，生活中常见粗粮的PPT，调查表。

【活动过程】

（一）教师出示实物，幼儿说一说认识的粗粮

（1）教师出示高粱馍、白面馍、玉米等粗粮食物。

（2）幼儿自由发言，谈一谈对粗粮的认识。

（二）认识几种常见的粗粮食物，知道它们的名称

（1）教师和幼儿在逛"粗粮点心店"的情境中，认识各种粗粮食品。

（2）幼儿相互交流由粗粮制作的食物的名称，了解粗粮的有关知识。

（三）开展讨论活动，知道吃粗粮的好处，认识粗粮的营养价值

（1）师：为什么要吃粗粮？吃粗粮对我们身体有什么好处？

（2）教师鼓励幼儿结合自己的经验讲述自己对粗粮的认识。

（3）师小结：吃粗粮可以锻炼牙齿，让我们大便畅通，让我们变得漂亮，等等，经常吃粗粮有利于身体健康。

（四）品尝粗粮食品，感知并体验粗粮食品

在下午吃点心时间过后，请幼儿谈一谈吃粗粮的感觉。

【活动延伸】

幼儿在教师的帮助下煮南瓜、玉米、红薯、紫薯等粗粮。

致 谢

在"和美真爱"教育理念的总结凝练过程中，在"我爱我家"园本课程的研发过程中，我们秉持"儿童立场、资源优化"的课程理念。在本书的编写过程中，我们十分关注幼儿的需要和兴趣，重视幼儿在与周围环境资源的互动中体验、思考和表达，注重让幼儿在直接感知、实际操作和亲身体验中获取经验，在多元丰富的教育环境中培育"爱家乡"的情感，立足登封，胸怀祖国，眼放世界，为将来成为社会主义建设者和接班人打好坚实的基础。非常感谢河南大学岳亚平教授带领的教育科学学院的专家团队，郑州市幼教专家刘子涓老师、郑州市名师工作室主持人马玲主任、登封市教研室幼教专家慎淑霞老师，对我园"和美真爱"教育思想凝练和"我爱我家"园本课程研发中的专业指导；感谢和美家园里的家长们鼎力相助，特别是登封市少林鹅坡武术学校的常校长、郑教练等多位武术专家、教练，对我园的园本课程研发给予了大力支持和无私奉献。另外，来自各方的力量激发了我园教师园本课程研发的自信心和动力，在这里一并表示真挚的感谢！

为了完善和丰富本套课程资源，我们广泛地征集教师在原有课程中的实践反馈和建议，吸纳并增添优秀的活动案例，以期为广大幼儿和教师提供更全面、更科学、更合理的支持。因此，除编写组的成员之外，我们对他们的帮助和支持表示衷心的感谢。在历时16年的园本课程求索之路上，我们最亲爱的和美团队不吝时间和精力的付出，用真心实践着每一个教育方案，应该说，书中呈现的每个活动设计都源自教师扎实的教育实践！她们是刘环英、王淑丽、景改荣、许红勤、李水红、

262

赵艳丽、冯秋明、王丽娜、和占红、崔改苗、王晓霞、杨艳娜、申晓燕、刘晓锋、袁丽娟、郝学云、周元红、王娟、袁晓乐、董明臻、孙小娟、袁瑞芳、李巧玲、高沂雯、毕晓慧、田哲、孟婷婷、张方方、李淑鸽、申丽霞、王云霞、李菲菲、刘莹晓、张慧佳、吴晓红等。在此，衷心地感谢为园本课程建设付出心血和智慧的和美伙伴们！

和和美美做人，踏踏实实做事，和美一幼，真爱同行！一幼感谢有您，一幼永远爱您！

登封市直属第一幼儿园　席颖霞

2022年1月10日